A Special

Love

Die Geschichte einer Liebe

Tanja Begerack

Impressum

Bibliografische Information der Deutschen Nationalbibliothek: Die Deutsche Nationalbibliothek
verzeichnet diese Publikation in der Deutschen
Nationalbibliografie; detaillierte bibliografische
Daten sind im Internet über dnb.dnb.de abrufbar.

Die automatisierte Analyse des Werkes, um daraus Informationen insbesondere über Muster,
Trends und Korrelationen gemäß §44b UrhG
(„Text und Data Mining") zu gewinnen, ist
untersagt.

© 2024 Tanja Begerack

Covergestaltung: Mario Rank
Satz & Layout: Tanja Begerack
Lektorat und Korrektorat: Robert M. Jakob

Verlag: BoD · Books on Demand GmbH,
In de Tarpen 42,
22848 Norderstedt

Druck: Libri Plureos GmbH,
Friedensallee 273, 22763 Hamburg

ISBN Softcover: 978-3-7693-0119-9

Inhalt

Vorwort...9

Einleitung 10

Kapitel 1 Selbstfindungsphase.............15

Kapitel 2 Erkenntnisse 27

Kapitel 3 Der Beginn des Schreibens .. 42

Kapitel 4 Vorzeichen für Veränderung 52

Kapitel 5 Umzug in die Großstadt 64

Kapitel 6 Begegnung mit der Liebe 76

Kapitel 7 Wahrträume 89

Kapitel 8 Ernährungsumstellung 105

Kapitel 9 Hatcamat / Hijama 118

Kapitel 10 Therapeutische Erfolge 134

Kapitel 11 Hausunterricht...................155

Kapitel 12 Hochzeit............................173

Kapitel 13 Tod & Wiederbegegnung ...191

Kapitel 14 Finanzen 202

Kapitel 15 Entwicklung & Fortschritt 219

Kapitel 16 Projektidee........................230

Kapitel 17 Danksagung 241

Vorwort

Dieses Buch widme ich all jenen, die mein Leben bisher auf ganz wunderbare Weise berührt haben, und all jenen, die es künftig noch tun werden. Besonders danke ich meiner Familie sowie meinen liebsten Freunden und engsten Vertrauten. Ihr bereichert mein Leben mit jedem Augenblick noch ein Stück mehr, und ich darf mich glücklich schätzen, euch begegnet zu sein. Für jede einzelne kostbare Seele bin ich unendlich dankbar, sie in meiner Nähe zu wissen.

Ein weiterer besonderer Dank gilt meinen geistigen Begleitern, den Naturgeistern, Engeln und all den wundervollen göttlichen Wesen, die mich beim Schreiben tatkräftig unterstützen.

Mein größter Dank gilt meinem kleinen Mädchen und meinem heutigen Partner und Ehemann. Ihr macht jeden Tag zu etwas ganz Besonderem. Vor allem euch widme ich dieses Werk. Ihr gebt mir zusätzliche Kraft, aus der wir gemeinsam etwas Neues entstehen lassen können.

DANKE, DASS ES EUCH GIBT!

Einleitung

Einige Zeit ist mittlerweile vergangen, seit ich mein erstes Buch erfolgreich verfasst habe. Seither ist so vieles in meinem Leben passiert – Dinge, die mein Leben und das meiner Mitmenschen positiv und nachhaltig beeinflusst haben. Einzigartige, zutiefst berührende Erlebnisse und Momente, die mir für immer in wundervoller Erinnerung bleiben werden. Diese Erlebnisse möchte ich in meinem neuen Werk gerne mit dir, lieber Leser, teilen.

Es kommt mir vor, als wäre es erst gestern gewesen, als ich mein erstes Buch beendet habe. Schon damals wusste ich, dass ich weiterschreiben würde, denn es gibt noch so viel zu sagen. Es gibt noch so vieles, was in meinem Herzen und meinen Gedanken verankert ist, das ich mitteilen möchte. All das und noch viel mehr will ich an dich und alle Menschen da draußen weitergeben.

Das Leben ist so kurz und doch so lang. Leben wir für den Moment, für den Augenblick. Leben wir für uns und vor allem für die Menschen, die wir lieben. Aber auch für die, die nach uns kommen und unsere Welt weiterführen werden. Hinterlassen wir ihnen eine Welt voller Liebe, Mitgefühl und Barmherzigkeit – vor allem aber eine Welt, in der wir alle miteinander in Frieden leben können.

Zu lange schon sind wir von unserer eigenen Eitelkeit und unserer Uneinsichtigkeit geblendet. Es wird ZEIT! Zeit, ein neues Zeitalter einzuleiten.

Jeder von uns, jeder Einzelne, hat es selbst in der Hand – den Schlüssel zu einem besseren Sein. Wir müssen nur nach ihm greifen, die Ketten sprengen und die Türen öffnen. Das Licht und die Liebe in uns lassen und diese an alle Lebewesen auf unserem schönen Planeten weitergeben.

Dafür stehe ich, und dafür lebe ich! Wie sieht es mit dir aus? Bist auch du bereit für Veränderung? Dann tauche mit mir in diese Welt ein und blicke über den Tellerrand hinaus. Es gibt so vieles zu entdecken. Du wirst überrascht sein, wie sich die Welt und unser Sein mit neuen Augen und aus neuen Blickwinkeln betrachten lassen.

Ich wünsche dir beim Lesen meines Buches viele neue Erfahrungen und Erkenntnisse auf deinem Weg.

Möge auch dein Leben liebevoll und positiv berührt werden ...

Namaste

Kapitel 1
Selbstfindungsphase

Wie du ja schon aus meinem ersten Buch weißt, war ich bereits verheiratet und führte eine nicht gerade unkomplizierte Ehe. Es gab sehr viele Höhen und Tiefen, oftmals leider mehr Tiefen als Höhen. Mein damaliger Partner hatte es mir, gelinde gesagt, nicht immer einfach gemacht. Früher war ich immer der Ansicht, dass, wenn man sich einmal zur Heirat entschließt, es dabei auch bleiben sollte. Treue und Aufrichtigkeit meinem Gegenüber sind wichtige Bestandteile meines Lebens – und das ist auch heute noch so. Jedoch gibt es Ausnahmesituationen, vor allem, wenn psychische oder gar körperliche Gewalt im Spiel ist.

Letzteres war bei mir zum Glück nicht der Fall. Dennoch brachte mein Partner viele ungelöste Konflikte aus seiner Kindheit und Jugend mit. Auch verschiedene Rauschmittel waren ihm damals kein Fremdbegriff. So konnte er sich immer leichter aus bestimmten Lebenssituationen herausflüchten.

Als ich in sein Leben trat, veränderte sich dies jedoch schnell. Ich zeigte ihm damals, dass es auch anders geht, und daran hielt er auch einige Zeit fest, was unsere Beziehung überhaupt erst möglich machte. Ich liebte ihn sehr und war immer bereit, für die

Familie zu kämpfen, ihm alle Kraft, Hoffnung und Liebe zu schenken. Heute weiß ich jedoch, dass sich nur dann wirklich etwas Positives und Dauerhaftes in einem Menschen entwickeln kann, wenn dieser es auch aus seinem tiefsten Inneren heraus will. Man muss bereit sein, an sich zu arbeiten und Altes loszulassen, damit Neues und Gutes erblühen kann. Das bedeutet auch, sich den schmerzhaften und unangenehmen Dingen zu stellen.

Als seine ältere Tochter mit zehn Jahren zu uns zog, wurde er mit allen Sorgen und Problemen aus seiner eigenen Kindheit und Jugend konfrontiert. Sie war es, die ihm sein Spiegelbild präsentierte. Doch anstatt sich der Herausforderung zu stellen, gemeinsam daran zu wachsen und alte Blockaden und Konflikte Stück für Stück aufzulösen, begann er erneut zu flüchten – diesmal in den Alkohol. Seine inneren Dämonen bekamen ihn immer mehr in den Griff, und es war schrecklich für mich, dies mitanzusehen.

Gleichzeitig verstärkten sich seine alten Aggressionen, die immer mehr an die Oberfläche traten. Ich litt sehr darunter, denn er lehnte jede Unterstützung meinerseits ab. Auch professionelle Hilfe kam für ihn nicht infrage.

Je mehr ich versuchte zu helfen, desto stärker wurden seine Aggressionen. Er verachtete es, wenn ich ihm helfen wollte, obwohl ich genau wusste, wo seine inneren Schmerzpunkte lagen. Doch meine Hilfe stieß immer mehr auf Ablehnung, und er ließ sich von seiner negativen Seite leiten. Dies wurde letztlich auch unserer Ehe zum Verhängnis. Eines Tages fiel bei mir der Groschen, und ich wusste, dass es so nicht weitergehen konnte. Er würde mich und seine Kinder mit in seinen Abgrund ziehen.

Es blieb mir nichts anderes übrig, als die Notbremse zu ziehen – im Sinne derer, die wir beide doch am meisten liebten: unsere beiden Mädchen.

Der Schritt war für mich sehr schwer. Ich wollte alles in Liebe und Frieden auflösen, doch er drehte regelrecht durch und machte mir noch lange Zeit das Leben schwer. Es brach ein regelrechter Rosenkrieg aus, den ich zutiefst bedauere, denn ich bin bis heute der Meinung, dass es auch anders hätte kommen können.

Leider verkraftete er die Trennung überhaupt nicht und reagierte extrem, was sich auch auf mich negativ auswirkte. Auch ich bin nur ein Mensch, mit positiven wie auch negativen Emotionen, die man nicht immer zu hundert Prozent kontrollieren kann. So schmerzhaft dieser Rosenkrieg auch war, brachte er mir letztlich eine wichtige Erkenntnis, die ich drei Jahre später für mich ziehen konnte.

In den drei Jahren nach der Trennung befand ich mich in einer intensiven Selbstfindungsphase.

Meine Stieftochter zog nach der Trennung vorübergehend zu ihrer Tante, um Abstand zu gewinnen, was für sie das Beste war. Ich hatte das große Glück, dass meine Familie in dieser Zeit stabil hinter mir stand und mich tatkräftig unterstützte, besonders im Hinblick auf meinen kleinen Engel Anastasia. Dafür bin ich heute noch unendlich dankbar und werde es ihnen nie vergessen. Es war eine schwierige Zeit für mich, denn meine Lebensfreude war stark gedämpft. Eigentlich hätte ich in dieser Zeit professionelle Unterstützung gebraucht, aber ich wusste, dass ich mich nur selbst aus diesem negativen Bewusst-seinszustand befreien konnte.

Bitte verstehe mich an dieser Stelle nicht falsch, lieber Leser. Ich bin nicht grundsätzlich gegen ärztliche oder psychologische Betreuung.

Doch diese kann nur dann wirklich helfen, wenn man selbst bereit ist, an sich zu arbeiten – und das war ich zu dieser Zeit absolut nicht. Ich wollte einfach nur noch aus dieser Lebenssi-tuation heraus. Allerdings nicht durch Alkohol oder fragwürdige Rauschmittel, die lediglich eine Flucht vor der selbstgeschaffenen Re-alität darstellen. Das war nie meine Welt, und ich hielt diese Dinge erfolg-reich von mir fern. Darauf bin ich bis heute stolz, denn ich habe in meinem

Umfeld gesehen, was diese Substanzen aus Menschen machen können.

Meine Flucht sah anders aus. Ich hielt es Zuhause kaum noch aus, denn alles erinnerte mich an die schmerzhaften Erlebnisse mit meinem damaligen Ehemann. Der Zustand war erdrückend und nahm mir regelrecht die Luft zum Atmen. Es war absolut fürchterlich. So blieb mir nur die Option, entweder im Selbstmitleid zu verharren oder zu flüchten – und ich entschied mich für Letzteres. Ich wusste, dass es nur eine vorübergehende Flucht sein würde, doch sie war für mich wichtig und entscheidend. Ich bin nicht der Typ Mensch, der gerne im Leid verharrt.

So beschloss ich, viel unterwegs zu sein, neue Menschen kennenzulernen und das Leben wieder in vollen Zügen zu genießen.

Während meiner Abwesenheit kümmerten sich meine Eltern vorbildlich um meine Kleine. Ich wusste, dass sie bei ihnen in sicheren Händen war, und so konnte ich mich auf meine eigene Erholung konzentrieren. Denn ich war mir bewusst, dass es meiner Tochter nur dann gut gehen konnte, wenn es auch mir gut ging. Andernfalls wäre ich nur eine halb so gute Mutter gewesen. Diese Phase bereue ich im Nachhinein nicht, denn alles hatte so sein sollen.

In dieser Zeit traten wieder wundervolle Menschen in mein Leben, die es bereicherten und mir viel Lebensfreude und Glückseligkeit schenkten.

Dafür bin ich unendlich dankbar. Drei Männer traten in diesen Jahren besonders in Erscheinung. Einer von ihnen brachte mir die Lebensfreude in vollem Umfang zurück. Unsere Verbindung währte zwar nur kurz, doch was ich daraus lernte, ließ mich ein großes Stück weiterwachsen. Eine Erkenntnis, die ich nicht missen möchte.

Heute weiß ich, was es bedeutet, bedingungslose Liebe zu leben – eine Liebe, die nicht verurteilt, sondern verbindet und dennoch Freiheit schafft. Früher hätte ich nie geglaubt, dass ich es verzeihen könnte, wenn ich betrogen würde. Heute weiß ich, dass alles möglich ist, wenn man bedingungslos liebt. Das mag sich komisch oder befremdlich anhören, doch ich möchte diese persönliche Erfahrung gerne mit dir teilen.

Kapitel 2
Erkenntnisse

D en Mann, von dem ich bereits begonnen habe zu schreiben, möchte ich an dieser Stelle mit dem Buchstaben H. benennen. Wir haben uns damals beim Weggehen in einer Bar kennengelernt. Es bestand von Anfang an eine gewisse Anziehungskraft zwischen uns, und wir verstanden uns auf Anhieb sehr gut. Die Chemie hat einfach gestimmt, wie man so schön sagt. Wir führten oft nächtelange, tiefgründige Gespräche und hörten dabei Lieder wie „Mad World" oder „Dieser Weg wird kein leichter sein". Zu gerne denke ich daran, wie oft er mich zum Lachen brachte.

Vor diesem Mann hatte ich immer den größten Respekt. Auch wenn er nach außen hin aufgrund seiner zierlichen und eher kleineren Statur recht sanft wirkte, war er für mich eine sehr starke Persönlichkeit – mit einem ausgeprägten Gerechtigkeitssinn und einer tiefen Liebe zu seinem Kind. Diese wundervolle Verbindung zwischen Vater und Tochter hat mich immer besonders beeindruckt und ergriffen. Sie erinnerte mich stets an die einzigartige, wundervolle Beziehung zwischen mir und meinem Vater. Solche Menschen achte ich ganz besonders, denn sie geben ihren Kindern so viel Liebe mit auf den Weg. Besonders Töchter profitieren von solchen Vätern. Sie sind es, auf die ein kleines

Mädchen stolz sein kann. Sie verleihen Kraft und Stärke. Das war einer der vielen Gründe, warum mich dieser Mann so sehr beeindruckte und vom ersten Moment an in seinen liebevollen Bann zog.

Auch er hatte damals seine persönlichen Probleme, aber ich wusste, dass er es schaffen würde, diese mit der Zeit in den Griff zu bekommen. Er brauchte nur einen kleinen Anstoß – vielleicht auch einen Menschen, der einfach an ihn glaubt. Und das tat ich, mehr denn je. Ich weiß, dass wir beide uns gegenseitig sehr bereichert haben. Mit ihm fühlte sich alles leichter und einfacher an. Alle Sorgen und Kummer rückten in weite Ferne. Das halbe Jahr, in dem wir viel Zeit

miteinander verbrachten, war jedenfalls etwas ganz Besonderes, und ich
möchte diese Zeit nicht missen.

Allerdings war H. immer der Meinung, dass ich einen besseren Mann
als ihn verdient hätte. Er hatte selbst
noch einige Themen, die offen waren,
und wollte nicht, dass ich womöglich
irgendwann ähnliche Schwierigkeiten
mit ihm erleben würde, wie mit meinem Ex-Mann. Ich hingegen sah das
anders, konnte aber verstehen, was er
meinte. Außerdem denke ich, dass er
zu dieser Zeit noch nicht bereit für
eine ernsthafte, langfristige Beziehung war. Er befand sich ebenfalls in
einer Selbstfindungsphase und
musste erst herausfinden, was er

wirklich wollte und wohin sein Weg führen sollte.

Eines Abends, an den ich mich noch gut erinnere, überkam mich während eines Telefonats mit meinem besten Freund plötzlich ein schreckliches Gefühl.

Es war furchtbar, und zeitgleich gingen mir Bilder durch den Kopf. Ich nahm geistig eine Frau wahr und spürte, dass H. mich genau in diesem Moment mit ihr betrügen würde. Dieses Gefühl und die Bilder waren so stark, dass ich sie sofort meinem besten Freund schilderte. Ich sagte ihm, dass H. mich gerade mit einer anderen Frau betrüge. Er war zutiefst betroffen und meinte dann beschwichtigend, ich würde mir das womöglich nur einbilden. Er konnte sich nicht vorstellen, dass H. zu so etwas fähig wäre, da er doch so aufrichtig und ehrlich sei.

Aber ich war mir sicher. Die Emotionen und Bilder waren zu klar und eindeutig für mich. Ich sagte meinem besten Freund selbstsicher am Telefon: „Du wirst sehen, ich habe recht, und ich werde schon bald davon erfahren. Die Wahrheit wird mir auf irgendeinem Weg zugetragen, ohne dass ich etwas dafür tun muss." Genau eine Woche später, am selben Wochentag, geschah es.

Es war ein schöner Freitagabend, und ich war auf dem Weg zu der Bar, in der H. und ich uns kennengelernt hatten. Unterwegs traf ich zufällig die Frau, mit der er vor mir eine Art Beziehung geführt hatte. Sie war, soweit ich mich erinnere, für einige Zeit auf Reha gewesen.

Ihr war noch nicht bewusst, dass H. und ich inzwischen enger vertraut waren, und sie ging davon aus, dass wir nur gute Freunde wären. Also sprach sie mich ganz locker an, und wir kamen höflich miteinander ins Gespräch. Im Laufe des Gesprächs erzählte sie mir, dass sie bereits eine gute Woche wieder zurück sei und wieder Kontakt zu H. habe.

Sie meinte, er habe sich verändert –
positiv entwickelt und sei viel glückli-
cher als zuvor. Er strahle richtig vor
Glück und Zufriedenheit, etwas, das
er wohl nie gehabt habe, als sie noch
Zeit miteinander verbrachten. Plötzlich fragte sie mich, ob ich wüsste, ob
es eine neue Frau in seinem Leben
gebe. Sie habe vor einigen Tagen geträumt, dass er mit einer dunkelhaa-
rigen Frau zusammen sei, und dieser
Traum gehe ihr nicht mehr aus dem
Kopf.

Zuerst wusste ich nicht, was ich sagen
oder wie ich reagieren sollte. Ich
wollte ihr nicht zu nahe treten, aber
mir war klar, dass noch etwas auf

mich zukommen würde. Und tatsächlich ließ das nicht lange auf sich warten.

Sie erzählte weiter, dass sie bei einem ihrer Treffen mit H. einiges getrunken hätten und anschließend miteinander im Bett gelandet seien. Als sie das sagte, traf es mich wie ein Hammerschlag ins Gesicht. Es fühlte sich an, als würde ein Messer mein Herz durchbohren. Ich versuchte mit aller Kraft, mir während des Gesprächs nichts anmerken zu lassen.

Irgendwann fragte ich sie, wann das gewesen sei, und sie antwortete: „Letzten Freitag." Die Uhrzeit deckte sich genau mit dem Moment, als ich das Telefonat mit meinem besten

Freund hatte. Sie war erstaunt, dass ich so genau nachfragte, und verstummte plötzlich. Dann sah sie mich mit großen Augen an, erhob ihren Finger und sagte erschrocken: „Du? Du bist die Frau? Die Frau, die ich im Traum zusammen mit ihm gesehen habe?" Ich nickte nur.

Beide waren wir von dieser Erkenntnis zutiefst betroffen. In diesem Moment war ich nicht böse auf die Frau, sondern meine Wut richtete sich ausschließlich gegen H. Mein Herz raste, und meine Gefühle brodelten wie ein Vulkan kurz vor dem Ausbruch.

Unglaublicherweise schaute H. genau in diesem Moment aus dem Fenster seines Nachbarhauses, das schräg gegenüber der Bar lag. Wir beide sahen hoch, und meine Blicke trafen ihn wie ein Blitzschlag. Er erstarrte nur kurz und verschwand dann wieder im Haus.

Die Frau und ich beschlossen, das Gespräch in der Bar fortzusetzen. Wir wussten beide, dass seine Tochter an diesem Abend bei ihm war, und hielten es daher für besser, ihm vor ihr keine Szene zu machen. Doch meine Wut ließ auch danach nicht nach, und so entschied ich mich, ihm am nächsten Morgen früh einen Besuch abzustatten. Ich war fest entschlossen, eine heftige Szene zu machen, meine

Sachen zu holen und ihm für immer Lebewohl zu sagen. Mein Zorn kannte kaum noch Grenzen.

Doch gegen drei Uhr morgens kam plötzlich die Erkenntnis – nennen wir es eine innere Erleuchtung. Ich fragte mich selbstkritisch: Was ist eigentlich mein Problem? Habe ich Angst? Und wenn ja, wovor? Fühle ich mich vielleicht nicht mehr geliebt? Nein, ich liebe mich doch selbst – oder etwa nicht? Doch, das spürte ich tief in meinem Inneren. Mein Ego war verletzt, das war der Punkt. Mein Stolz hatte einen Schlag erlitten. Das liebe Ego – haben wir das nicht alle? Ja, und es ist oft unsere größte Schwäche.

Die wirkliche Heilung besteht darin, in die Selbstliebe zurückzukehren. Und genau das tat ich in diesem Moment der Erkenntnis. Es war ein wundervolles Erlebnis, das ich nie vergessen werde. Alle Wut und aller Zorn, die ich bis vor wenigen Sekunden noch verspürt hatte, waren plötzlich wie weggeblasen. Stattdessen verspürte ich nur noch tiefe Liebe – zu mir selbst und zu allem um mich herum.

Am nächsten Morgen stand ich mit demselben Gefühl auf. Ich machte mich fertig und ging zu H. Er erwartete mich bereits und bat mich höflich herein. Wir gingen in die Küche, während seine Tochter im anderen Zimmer fernsah.

Ruhig begann ich, mit ihm zu sprechen, und stellte ihn sanft zur Rede. Er sah mir offen in die Augen und gab alles ohne Umschweife zu. Er war absolut ehrlich und aufrichtig, und das berührte mich. Er sprach nicht um den heißen Brei herum, nichts wurde beschönigt, und es tat ihm aufrichtig leid.

Nach einigen Minuten Schweigen ging ich auf ihn zu, nahm ihn in die Arme und bedankte mich bei ihm für seine Ehrlichkeit. Eine tiefe Liebe und Wärme umgab uns. Es gab keinerlei negative Emotionen mehr, sondern nur bedingungslose, aufrichtige und ehrliche Liebe – eine Liebe, die alles vergibt. Gemeinsam beschlossen wir,

Freunde zu bleiben. Eine Beziehung würde keinen Sinn mehr machen, da es einfach nicht sein sollte.

An diesem Morgen gingen wir noch gemeinsam frühstücken und verbrachten einen wunderschönen Tag, den ich in bester Erinnerung behalten werde. Noch heute sind wir in liebevollem Kontakt, und wenn wir uns begegnen, sind das Funkeln und die Herzenswärme immer noch da. Wahre, bedingungslose Liebe liebt, ohne zu fordern, ohne zu erwarten und ohne Bedingungen zu stellen. Sie ist nicht von einer Beziehung, einer Ehe oder Körperlichkeit abhängig. All das wurde mir an diesem Tag noch viel bewusster, und ich habe es tief in meinem Inneren verankert.

Kapitel 3
Der Beginn des Schreibens

Auch nach meiner Zeit mit H. zog ich weiterhin wundervolle Menschen in mein Leben, die es um viele Erfahrungen bereicherten. Während meiner dreijährigen Selbstfindungsphase, in der ich viel unterwegs war, mich auslebte und zahlreiche Erlebnisse sammelte, wurde mir irgendwann bewusst, dass es nun an der Zeit war, mich wieder intensiver mit mir selbst auseinanderzusetzen – mit den Gefühlen, vor denen ich lange Zeit davongelaufen war. Ich war endlich bereit, mich dem Schmerz zu stellen.

So begann ich, wieder mehr zu Hause zu bleiben und nicht mehr ständig auf Achse zu sein. Der Prozess dauerte etwa drei Monate. Es waren harte drei Monate, geprägt von vielen Tränen und schmerzhaften Prozessen, die mich innerlich regelrecht in die Knie zwangen. Es gab Tage, an denen ich am liebsten wieder die Flucht ergriffen hätte, doch mir war klar, dass dies alles nur schlimmer machen würde. Also durchlebte ich die inneren Qualen und den unsagbar grausamen Schmerz. Am Ende dieses Prozesses war ich endlich durch damit und erkannte so vieles, was ich zuvor verdrängt hatte.

Mir wurde klar, dass auch ich in meiner Ehe viele Fehler gemacht hatte.

Der größte Fehler war, dass ich meinen Mann nicht so angenommen hatte, wie er war.

Stattdessen hatte ich ihm meinen Willen regelrecht aufgezwungen. Ja, es war gut gemeint, aber was nützt das, wenn man sieht, dass der Partner noch nicht bereit ist? Er war noch nicht bereit, sich seinen Dämonen zu stellen. Vielleicht wäre er es nie gewesen. Aber so hatte ich ihn doch kennengelernt. Warum hatte ich mich darauf eingelassen, obwohl ich wusste, dass er innerlich total vernarbt war? Stattdessen hätte ich mehr

Verständnis aufbringen müssen – und vielleicht auch mehr Geduld und Gebete. Aber ich hatte Wunder von ihm erwartet und setzte ihn unter Druck.

Außerdem fehlte ich oft als Hausfrau, was das Miteinander nicht einfacher machte. Doch wir Menschen neigen dazu, die Schuld auf den anderen zu schieben, weil es oft leichter ist, als sich den eigenen Schattenseiten zu stellen. Jeder von uns hat sie, aber niemand gibt sie gerne zu – und sie sich selbst einzugestehen, ist noch schwerer. Mit diesen neuen Erkenntnissen wurde mir klar, dass es an der Zeit war, ihm zu verzeihen – und mir selbst auch. Das war ein enorm wichtiger Schritt für meine weitere Entwicklung.

Damals schrieb ich ihm eine lange Nachricht, in der ich mich für alles, was ich ihm angetan hatte, aufrichtig entschuldigte. Ich wünschte ihm von Herzen das Beste. Das tat so unendlich gut, lieber Leser – es war wie ein Befreiungsschlag. Plötzlich wurde alles leichter. Ich war wieder in der absoluten Liebe, ein wunderbares Gefühl, das kaum zu beschreiben ist.

Dadurch löste sich die Blockade, die sich über die Jahre aufgebaut hatte, vollständig auf. Ich war geistig wieder völlig frei, so wie ich es von früher gewohnt war. Die Energien konnten wieder fließen, und schlagartig wusste ich, was nach dieser langen Zeit des Verharrens zu tun war.

Ich begann wieder zu schreiben. Diesmal sollte ich endlich mein erstes großes Werk über mein Leben beginnen. Nichts fiel mir plötzlich leichter. Ich schöpfte die Quintessenz aus meinem Sein und meinen Erfahrungen und brachte sie zu Papier. Es war ein großartiger Augenblick, als ich wieder wusste, wohin mein Weg führte und welche Aufgaben ich zu erfüllen hatte. Ich liebe dieses Gefühl! Noch heute denke ich mit Freude an diese einschneidenden Momente zurück.

Nach einigen Monaten war mein Buch fertig, und ich begann, es in Eigenregie über einen Selbstverleger-Verlag zu vermarkten. Es war mir nie wichtig, hohe Verkaufszahlen zu erzielen, sondern meine Erfahrungen mit anderen Menschen wie dir zu teilen. Ich wollte zeigen, welche Möglichkeiten wir haben, das Leben aus verschiedenen Blickwinkeln zu betrachten, unseren Horizont zu erweitern und über den Tellerrand hinauszublicken. Sehen, was alles möglich ist, und erkennen, dass es nur dort Grenzen gibt, wo wir uns selbst welche setzen.

Es ging darum, aus unserem eingeschränkten Denken herauszukommen und die vollkommene Liebe in unser Herz zu lassen – und diese bedingungslos zu leben. Das war einer der vielen Gründe, warum ich schon als Kind wusste, dass ich eines Tages Bücher schreiben wollte. Ich bin sicher, dass dieser Weg mir von Anfang an vorgegeben war. Es gab schon früh viele Anzeichen dafür, und auch Aussagen von Hellsehern und Kartenlegern. Mein Vater hatte einmal eine Begegnung mit einer Seherin, lange bevor ich zur Welt kam. Sie sagte ihm damals, dass er eine

Tochter haben würde, die nicht gesund sei – sie habe eine körperliche Einschränkung, aber geistig sei sie wohlauf. Diese Tochter würde später Bücher schreiben, und diese Bücher würden ihren Weg über das Meer hinausfinden.

Viele Jahre später wurde mir Ähnliches prophezeit. Heute muss ich oft schmunzeln, wie recht sie alle hatten. Meine Begeisterung fürs Schreiben war schon von Kindesbeinenan stark ausgeprägt. Bereits als ich noch klein war, schrieb ich gerne Kurzgeschichten und Romane. Ich sagte immer, dass mein erstes Werk meine eigene Lebensgeschichte sein würde. Und so kam es dann auch.

Mittlerweile habe ich mit meinem Buch schon so viele wundervolle Menschen erreicht und tief berührt. Viele Zuschriften habe ich erhalten, und es ergaben sich einzigartige Gespräche. Es ist für mich die größte Freude, mit meinen Worten und Taten so viel Gutes bewirken zu können. Ich bin zutiefst dankbar, dass ich heute die Möglichkeit habe, etwas Produktives zu schaffen und andere daran teilhaben zu lassen. Das ist für mich ein großer Aspekt im Leben: etwas zu erschaffen, das andere inspiriert.

Kapitel 4
Vorzeichen für Veränderung

Einige Zeit nach der Veröffentlichung meines ersten Buches ereigneten sich eine Reihe bedeutsamer und lebensverändernder Begebenheiten. Wie ihr bereits aus meinem ersten Band wisst, bin ich ein Mensch, der sich von göttlichen Fügungen leiten lässt. Ich achte sehr auf die Zeichen, die mir im Leben begegnen, und fühle hinein, was sie mir sagen oder zum Ausdruck bringen möchten. Entsprechend dieser Zeichen richte ich dann mein Leben aus und folge dem Weg, der mir geebnet wird.

Als ich damals in England auf einer ganz besonderen Meditationsreise war, begegnete ich vielen großartigen Menschen. Unter ihnen war auch Lucas, der mir sehr ans Herz wuchs. Wir freundeten uns herzlich an und blieben auch nach der Reise in regem Kontakt. Eines Tages, das war noch vor meiner Trennung, lud er mich spontan ein, ihn in Wien zu besuchen. Dieser Einladung folgte ich gern, und so kam es zu meiner ersten Begegnung mit dieser wundervollen Stadt. Sie zog mich sofort in ihren Bann. Alles fühlte sich vertraut an, und die Schwingung der Stadt war für mich sehr angenehm. Ich empfand Wien als etwas Besonderes – hier passte ich hin, hier fühlte ich mich wohl. Die

Stadt gab meinem Geist neuen Aufschwung, ähnlich wie es mir sonst nur das Meer gibt, wenn ich den weiten Horizont betrachte. Obwohl Wien eine Großstadt mit vielen Einwohnern ist, hat sie ein ganz eigenes Flair, das nicht überall zu finden ist.

Wer weiß, vielleicht war ich ja schon einmal früher hier. Dem bin ich bisher jedoch nicht nachgegangen, denn ehrlich gesagt war mir das nie wichtig zu wissen. Am Ende zählt das Jetzt, und damals war es die positive Wirkung der Stadt, die für mich zählte. Zu jener Zeit dachte ich noch nicht daran, mit meiner Familie nach Österreich zu ziehen. Doch, wie bereits zu Beginn dieses Kapitels angedeutet, sollte sich nach der Veröffentlichung meines Buches vieles ändern.

Bei jeder sich bietenden Gelegenheit fuhr ich nach Wien, um dort meine neuen Freunde zu besuchen. Oft spazierte ich durch den 1. Bezirk oder hielt mich im Schlossgarten von Schönbrunn auf.

Mein Geist war dort immer völlig frei, und bestimmte Orte durchströmten mich mit enormer Energie. Viele Ideen und Gedanken kamen mir. Es war ein fantastisches Gefühl, als sei Wien mein Zuhause. Irgendwann, während meiner immer häufigeren Besuche, begannen die geistigen Fügungen. Schlagartig wurde ich ständig mit dem Thema Wien konfrontiert. Es verfolgte mich regelrecht, obwohl ich zu dieser Zeit noch nicht bereit für eine Veränderung war.

Ob im Alltag oder bei der Arbeit – plötzlich hatte ich ständig mit Kunden oder Kollegen aus Wien zu tun. Als ich einmal in einem Kornkreis in Bayern meditierte, setzte sich ein Mann neben mich, und natürlich war auch er aus Wien. Die „Zufälle" häuften sich, und selbst meiner Familie fiel das auf.

Mir war klar, dass all das Vorzeichen waren, aber ich war noch nicht bereit, mich damit auseinanderzusetzen. Ich wusste, dass der richtige Zeitpunkt kommen würde, wenn es soweit war.

Ein halbes Jahr nach Beginn dieser Zeichen sollte es dann soweit sein. Ich war wieder einmal in Wien und mietete mich in einem Hostel ein, das ich bereits kannte.

Diesmal wollte ich etwas Neues ausprobieren und nahm ein Mehrbettzimmer, um die Erfahrung zu machen, mit fremden Menschen ein Zimmer zu teilen. Wie sollte es anders kommen? Zur gleichen Zeit waren dort zwei nette Mädchen aus München untergebracht. Wir verstanden uns auf Anhieb und hatten tolle Gespräche. Ich erzählte ihnen, dass ich oft in Wien war und mich hier sehr wohlfühlte. Eines der Mädchen fragte mich dann, warum ich nicht nach Wien ziehe, wenn es mir doch so gefalle. Ich überlegte kurz und meinte, dass ich noch auf das richtige Zeichen warte, und lachte dabei.

Was dann nur wenige Minuten später passierte, war unfassbar – und noch heute bekomme ich Gänsehaut, wenn ich daran denke. Mein Handy piepte, und ich nahm es in die Hand. Auf meinem Facebook-Messenger hatte ich eine Nachricht von einem langjährigen Freund aus Landshut. Was ich dort las, ließ mir regelrecht den Atem stocken. Er schrieb mir, dass er aus Landshut wegziehen wolle und darüber nachdenke, nach Wien zu gehen, zumal dort auch sein Bruder lebte. Da er gesehen hatte, dass ich oft in Wien war, fragte er mich, ob ich nicht Lust hätte, mit meiner Tochter mit ihm dorthin zu ziehen und eine WG zu gründen.

Ich war völlig sprachlos und musste die Nachricht zweimal lesen, weil ich es nicht glauben konnte. Natürlich erzählte ich sofort den beiden Mädchen im Zimmer davon, und auch sie waren baff.

Wenn das kein Zeichen war, dann wusste ich es auch nicht! Ich schrieb meinem Freund zurück, dass ich dafür sehr aufgeschlossen sei und wir alles gut planen müssten. Zurück in Deutschland setzte ich mich intensiv mit dem Gedanken auseinander. Ich suchte mir eine Firma in Wien aus, für die ich gerne arbeiten wollte, und schickte eine spontane Bewerbung ab – nur diese eine.

Ich sagte meinen Freunden und meiner Familie, dass, wenn dies wirklich mein Weg sei, genau dieses Unternehmen mich einstellen würde. Am nächsten Tag rief mich die Personalabteilung an und fragte, ob ich in zwei Tagen zu einem Vorstellungsgespräch kommen könnte. Ich war überglücklich und buchte sofort ein Ticket nach Wien. Dort angekommen, war ich eine von vielen Bewerbern, und die Chancen standen eher schlecht. Doch das machte mir nichts aus, denn ich war mir meiner Sache absolut sicher.

Vielleicht klingt das hochtrabend, aber mein Gefühl war einfach zu eindeutig.

Nach dem Vorstellungsgespräch sagte man mir, dass sie sich in ein paar Tagen melden würden. Dieser Anruf ließ nicht lange auf sich warten, und mir wurde die Stelle fest zugesagt. Meine erste Hürde war damit geschafft, und meine Freunde und Familie staunten nicht schlecht. Obwohl sie mein Leben gut kannten, war es immer wieder erstaunlich, wie sich die Dinge entwickelten.

Nun musste ich eine Wohnung finden, was in einer Stadt wie Wien, in der die Mietpreise sehr hoch sind, nicht einfach werden würde. Doch auch hier machte ich mir keine Sorgen. Ich schickte geistig den Wunsch nach oben, eine erschwingliche Wohnung in der Nähe meiner Arbeit zu finden. Kurz darauf gab ich ein kleines Inserat auf Facebook auf. Noch am selben Tag meldete sich jemand bei mir und meinte beiläufig, dass er vielleicht eine interessante Wohnung für mich habe. Die Fotos gefielen mir sofort, und ich fühlte mich von der Wohnung angesprochen.

Ich rief den Makler an und fragte, ob die Wohnung noch verfügbar sei. Er sagte, es gäbe bereits viele Interessenten, aber ich könne mich trotzdem vorstellen.

Gesagt, getan! Ich buchte erneut ein Ticket nach Wien und besichtigte die Wohnung. Sie gefiel mir sehr, sowohl von den Fotos her als auch in Wirklichkeit. Die Energie dort war gut, und ich fühlte mich wohl. Es war einfach stimmig. Der Makler konnte mir an diesem Tag noch keine Zusage geben und meinte, er würde sich bald bei mir melden.

Kapitel 5
Umzug in die Großstadt

Während dieser Zeit hatte mein Vater einen Skype-Termin mit Martin Zoller, einem wirklich beeindruckenden Hellseher. Ich kannte ihn damals noch flüchtig von einem Kongress. Mittlerweile sind wir gute Bekannte geworden, und ich schätze ihn sehr als Freund und Mensch. Mein Vater hatte damals einige persönliche Fragen, die er Martin stellte. So kam es, dass auch ich einige sehr interessante Informationen von ihm erhielt, über die ich heute noch lachen muss, weil sie zu hundert Prozent zutrafen. Er sah voraus, dass es mich in eine große Stadt verschlagen würde –

auch die neue Arbeit und eine Wohnung, die sehr nahe an meinem Arbeitsplatz läge. Er beschrieb den Ort und meinte, er sehe Wasser in der Nähe und einen Brunnen. Außerdem teilte er mir mit, dass kurze Zeit, nachdem ich mit meiner Tochter dort leben würde, ein Mann in mein Leben treten würde. Er sah eine sehr gute und langanhaltende Beziehung für mich.

Ich musste schmunzeln, als er mir sagte, dass ich seine Aussagen eigentlich gar nicht benötige, da ich über ähnliche Fähigkeiten verfüge. Doch fühlte ich mich bisher nicht bereit, diesen Weg beruflich einzuschlagen. Alles zu seiner Zeit, wie man so schön sagt.

Wenige Tage nach dem Gespräch mit Martin bekam ich den Anruf vom Wohnungsmakler. Er verkündete mir freudig, dass sich der Eigentümer für mich entschieden habe und ich die Wohnung bekommen würde.

Ich war außer mir vor Freude – was für eine wundervolle Nachricht! Nun, lieber Leser, halte dich fest: Die Wohnung war nur drei Minuten zu Fuß von meiner neuen Arbeitsstelle in Wien entfernt. Am Ende der nächsten Seitengasse war, wie Martin es beschrieben hatte, tatsächlich ein großer Brunnen. Es war einfach unglaublich!

So nahm alles rasch seinen Lauf, und ich begann, alles für die Veränderung vorzubereiten. Meinen damaligen Job in Deutschland behielt ich noch ein gutes halbes Jahr. Mit der Firma handelte ich einen neuen Vertrag auf 450-Euro-Basis aus und kam noch ein paar Mal am Wochenende nach Landshut, um zu arbeiten. Die Wohnung, die ich damals mit meinem Vater und meiner Tochter bewohnte, hielten wir noch einige Monate aufrecht. Ich ging alles sehr strukturiert und durchdacht an – ohne großartige Unterstützung von außen. Ich wollte alles allein auf die Beine stellen, und das gelang mir auch problemlos. Zum ersten Mal in meinem Leben fühlte ich, dass ich auf eigenen Beinen stand. Allein die Tatsache, dass ich diesen Umzug selbstständig organisierte, ohne auf Hilfe von außen angewiesen zu sein, erfüllte mich mit einer tiefen Zufriedenheit. Es war nicht nur ein Umzug in eine andere Stadt, sondern auch in eine neue Dimension meines Lebens. Darauf bin ich heute ehrlich gesagt noch ziemlich stolz, aber vor allem bin ich sehr dankbar – dankbar dafür, dass ich geistig wieder einmal geführt und geleitet wurde, dass mir das Licht den Weg wies.

Auch für meinen Vater war dies eine wichtige Phase in seinem Leben, denn er war schon lange dazu geneigt, ins Ausland zu gehen und sich etwas Neues aufzubauen. Doch er ging diesen Schritt nie wegen mir und meines

Kindes, da er uns nie im Stich lassen wollte. Er hat oft sein eigenes Leben hintenangestellt, um für uns da zu sein und uns zu unterstützen. Es war mir daher ein besonderes Anliegen, dass er sich endlich frei machen konnte, denn er hatte es mehr als verdient. Ich erinnerte mich an all die kleinen Momente, die unsere Beziehung geprägt hatten – wie er mich als Kind auf seinen Schultern trug oder mir spät in der Nacht Geschichten vorlas. Seine bedingungslose Liebe und Fürsorge waren wie ein Fels in meinem Leben, und dafür war ich unendlich dankbar.

Er war und ist der beste Vater, den ich mir nur wünschen kann – ein großartiger Mensch und wundervoller Papa, der alles für seine Familie tut. Wenn ich ein Vorbild habe, dann ist er es! Ich konnte mich immer auf ihn verlassen. Seine Liebe zu mir ist so unendlich groß, dass sie kaum in Worte zu fassen ist. Diese wundervolle Liebe zwischen Eltern und ihren Kindern wünsche ich allen Menschen auf der Welt. Sie ist unbezahlbar und unendlich kostbar. Denkt immer daran, wer seine Eltern noch hat: Seid gut zu ihnen. Wir sollten uns alle gegenseitig achten und ehren, auch wenn wir nicht immer einer Meinung sind. Am Ende ist es doch die Liebe, die uns zusammenhält.

Und so ließ mein Vater mich los und ging seinen eigenen Weg, so wie meine Tochter und ich auch unsere

Wege bestritten. Obwohl uns nun eine größere Distanz trennt, sind wir doch stets miteinander verbunden.

Beim Umzug nach Wien nahm ich nicht viel mit – nur meine wichtigsten Habseligkeiten. Alles andere ließ ich hinter mir. Als ich schließlich in Wien ankam, fühlte ich mich wie ausgewechselt. Wien war für mich nicht nur eine geografische Veränderung. Es fühlte sich an wie ein Neuanfang auf allen Ebenen – geistig, emotional und beruflich. In dieser Stadt sollte sich alles neu ordnen, und ich war bereit, das Leben in all seinen Facetten neu zu entdecken. Endlich zu Hause! Endlich ein Ort, an dem ich mich uneingeschränkt wohlfühlte.

Ein Ort, der mich geistig bereicherte und förderte. Es war nicht nur der äußere Wechsel der Umgebung, sondern ein innerer Wandel, der sich vollzog. Wien war für mich nicht nur eine neue Stadt, sondern ein Symbol für meine persönliche Befreiung und Selbstentfaltung. Hier hatte ich das Gefühl, endlich wieder atmen zu können – sowohl geistig als auch emotional. So viele kreative Köpfe in dieser Stadt, so viele Möglichkeiten, die sich mir hier boten, und so viele großartige Menschen, die mein Leben auf eine neue Weise bereichern sollten. Sogar unsere Nachbarn im Haus waren alle sehr herzlich, zuvorkommend und nett. Besonders ein Paar, das über mir wohnte, war wie ich sehr spirituell orientiert, und wir freundeten uns schnell und liebevoll miteinander an.

Es ist mir täglich eine Freude, solch liebenswerte Menschen um mich zu wissen. Mein besagter Freund, der mich damals eingeladen hatte, nach Wien zu ziehen, fand hier leider keine Arbeitsstelle und entschied sich, doch nicht nach Wien zu kommen. Das war zu Beginn zwar schade für mich, aber ich weiß sicher, dass man im Leben nichts erzwingen kann und sollte. Die Dinge kommen, wie sie kommen sollen. Alles hat am Ende einen höheren Sinn, auch wenn man diesen nicht immer sofort versteht.

Mein herzallerliebster Papa und ich

Ehre deinen Vater und deine
Mutter, damit du lange lebst in dem
Land, das der Herr, dein Gott, dir
gibt.
(Ex 20,12 EU)

Kapitel 6
Begegnung mit der Liebe

Kurz nachdem ich nach Wien zog, beschloss ich, einen langjährigen, liebgewonnenen Online-Freund endlich wieder zu kontaktieren. Die-
ser war gebürtiger Österreicher und wohnte etwa 70 km von Wien entfernt in einer kleinen Stadt namens Krems. Wir lernten uns vor über acht Jahren durch meinen damaligen Ex-Mann beim Online-Gaming kennen. Damals, als wir uns kennenlernten, war er gerade mal frische 17 Jahre alt und ich 23. Wir verstanden uns von An-
fang an fantastisch und führten oft

stundenlange, tiefgründige Gespräche über das Headset. Lange Zeit wussten wir nicht einmal, wie der andere aussah, aber das war uns beiden auch nicht wichtig. Die Chemie zwischen uns stimmte einfach.

Er bekam in dieser Zeit einen Großteil meines Lebens mit: meine Schwangerschaft, die Heirat mit meinem Ex-Mann und auch die dramatische Trennung. In diesen Phasen war er mir eine treue Seele, mit der ich vieles teilte und zu der ich mich stark verbunden fühlte. Es gab Momente, in denen ich mich fragte, wie es wäre, wenn er mein Partner wäre. Doch diese Gedanken ließ ich schnell wieder fallen, da der Altersunterschied für mich damals ein großes Thema war. Zudem wollte ich die wertvolle Freundschaft nicht gefährden für eine womöglich unsichere Entwicklung. Außerdem hatte ich immer Partner, die wesentlich älter waren als ich.

Immer wieder stellte ich fest, dass ein Mann meines Alters oder gar ein jüngerer Partner für mich keine Option war, da mir die geistige Reife immer sehr wichtig war. Diese Männer konnten mir einfach nicht das geben, was mir ein älterer Mann bot. Matthias jedoch war eine Ausnahme. Er hatte trotz seines jungen Alters eine Tiefe, ein Verständnis und eine Weisheit, die absolut bemerkenswert waren. Das faszinierte mich immer sehr an ihm. So freute ich mich riesig darauf, ihn nach all den Jahren des reinen Online-Kontakts endlich persönlich zu treffen.

Bevor ich ihn anrief, wusste er noch nicht, dass ich mit meiner Tochter nach Wien gezogen war. Umso verblüffter war er dann am Telefon.

Er lachte und freute sich unendlich. Schnell vereinbarten wir ein Treffen, und bald war es soweit. Es war ein Freitag, das weiß ich noch genau. Wir trafen uns bei einer U-Bahn-Station in meiner Nähe. Schon von weitem erkannte ich ihn: ein großer, sehr schlanker junger Mann mit Brille und einem breiten Lächeln im Gesicht. Ich werde diesen freudigen Moment nie vergessen. Wir fielen uns in die Arme, und am liebsten hätte ich ihn nie wieder losgelassen. Alles war so vertraut, als wäre es nie anders gewesen.

Gemeinsam gingen wir in eines meiner Lieblingslokale in Wien und saßen dort stundenlang zusammen auf einer Couch.

Wir hatten uns so viel zu erzählen, lachten viel und waren einfach nur unendlich glücklich, beisammen zu sein. An diesem Tag begann ich, mich in ihn zu verlieben.

Eine Woche später trafen wir uns wieder. Jedes Mal, wenn er Zeit fand, kam er mich besuchen, und wir verbrachten schöne Stunden miteinander. Damals war meine Tochter noch in Deutschland bei meinem Vater ge-

blieben, um das Schuljahr abzuschlie-
ßen. So hatten Matthias und ich die
Möglichkeit, in Ruhe Zeit miteinander zu verbringen und uns noch besser kennenzulernen.

Eines Tages blieb er auch über Nacht
bei mir, und ich war beeindruckt, wie
anständig er sich verhielt. Er machte
keinerlei vorschnelle Annäherungs-
versuche, sondern blieb sehr schüch-
tern.

Vor mir gab es schon junge Frauen,
die ihn interessierten, aber er hatte
sich immer Zeit gelassen. Schon mit
17, als ich ihn kennenlernte, sagte er,
dass er auf die Richtige warten würde,
bevor er eine Beziehung oder eine Af-
färe einginge. Es müsse einfach fun-

ken und stimmig für ihn sein. Diese Einstellung eines so jungen Mannes bewunderte ich sehr.

Auch bei mir verhielt er sich immer wie ein absoluter Gentleman. Eines Nachmittags, als wir zusammen einen Film schauten (damals noch auf meiner Luft-matratze, da ich noch kein Bett hatte), spürte ich, wie nervös er neben mir war. Er lag regelrecht steif wie ein Brett. Seine innere Aufregung war deutlich spürbar, und ich konnte fühlen, wie sehr er mit sich kämpfte.

Es war so süß und goldig, als ob wir beide wieder Teenager mit Schmetterlingen im Bauch wären. Also nahm ich ganz behutsam seine Hand, blickte ihm in die Augen, und wir küssten uns zum ersten Mal.

Es war ein wundervoller Augenblick. Für mich fühlte es sich an, als würde ich zum ersten Mal einen Mann küssen. Alles war neu und anders – etwas ganz Besonderes eben. Dieser Moment bleibt unvergesslich.

Mit der Zeit wurde unser Band immer stärker. Meine anfängliche Unsicherheit gegenüber einer Beziehung löste sich auf, und ich spürte, dass es richtig war, mich auf diese Bindung einzulassen. Ich wusste, dass Matthias

der Mann war, auf den ich mich verlassen konnte. Er war ehrlich, aufrichtig und stets für mich da.

Auch meine Tochter schloss ihn sofort in ihr Herz. Für sie ist er ein wichtiger Anker im Leben – ein Mensch,
auf den sie sich verlassen kann und
der es wert ist, geachtet und geschätzt
zu werden.

Es dauerte nicht lange, und Matthias
ließ sich beruflich nach Wien verset-
zen. Kurz darauf zog er bei uns ein.
Wir verbrachten eine wundervolle
Zeit zusammen, reisten nach Kroatien
und genos-sen dort einen schönen
Urlaub. Oft sprachen uns Menschen
an und fragten, ob wir verheiratet
seien, weil wir so gut zusammenpass-

ten und so harmonisch miteinander umgingen. Schon damals wussten wir beide, dass der Moment der Eheschließung nicht weit entfernt war.

Und tatsächlich ließ mein Schatz nicht lange auf sich warten. Eines Nachts fuhr er mit mir unerwartet auf den Kobenzl, einen Hügel bei Wien, von dem aus man die ganze Stadt leuchten sieht. Es ist ein romantischer Ort, an dem das Herz vor Freude aufgeht. Als wir ankamen, war es ruhig und friedlich, und wir waren ganz allein. Es war eine wunderschöne, laue, sternenklare Nacht. Arm in Arm saßen wir auf einer Parkbank und blickten in den sternenklaren Himmel.

In dem Moment, als er plötzlich auf die Knie ging und die kleine, dunkelblaue Schatulle aus seiner Tasche zog, schien die Zeit für einen Augenblick stillzustehen. Mein Herz schlug schneller, und während ich ihn ansah, überkamen mich all die Erinnerungen an unsere langjährige Freundschaft.

Es fühlte sich an, als hätte das Universum uns genau hierher geführt, an diesen perfekten Ort in dieser perfekten Nacht.

Er öffnete die Schatulle, und darin lag ein bezaubernder, zierlicher Ring mit einem blauen Edelstein. Er schaute mir tief in die Augen und sagte: „Ich liebe dich unendlich. Du bist die Liebe meines Lebens, und ich kann mir mein Leben ohne dich nicht mehr vorstellen." Dann fragte er mich: „Willst du meine Frau werden?" Mein Herz pochte und raste vor Aufregung. Das war, nach der Geburt meiner Tochter, der schönste Augenblick meines Lebens. Tränen der Rührung stiegen mir in die Augen, und ich nahm seinen romantischen Heirats-antrag voller Liebe und Hingabe an.

Er war der Mann, den ich mir immer gewünscht hatte. Und ich danke Gott noch heute für dieses besondere Ge-schenk, das er mir zuteilwerden ließ.

Mein Herzblatt und ich

Kapitel 7
Wahrträume

An dieser Stelle möchte ich nochmal auf das Thema Träume eingehen, bevor ich über meine jüngsten Erkenntnisse und Erlebnisse berichte. Wie diejenigen, die mein erstes Buch bereits gelesen haben, wissen, habe ich seit jeher Wahrträume – besonders solche, in denen ich Verstorbenen begegne oder Botschaften erhalte. Mittlerweile ist mir bewusst geworden, warum gerade Träume so oft als Weg gewählt werden, um mir Informationen zu übermitteln. Im Alltag strömen so viele verschiedene

Einflüsse auf uns ein, dass die Energien nicht immer astrein durch mich hindurchfließen können. Sobald sich jedoch mein Körper und Geist im sogenannten Delta-Zustand befinden, wird es der anderen Seinsform viel leichter, mir Nachrichten klar und deutlich zu übermitteln.

In diesem Zustand fließt alles ineinander über. Mein Geist löst sich sanft von meinem Körper und geht in eine andere Schwingungsfrequenz über – ein absolut geniales Gefühl, das ich oft bewusst wahrnehmen kann. Vor nicht allzu langer Zeit hatte ich wieder drei sehr intensive Traumerlebnisse, von denen ich nun gerne erzählen möchte. So bekommst du, lieber Leser, einen besseren Eindruck von dieser Welt.

In einem meiner Träume verspürte ich plötzlich starke Schmerzen im Unterkiefer. Plötzlich fiel mir ein Zahn aus, und ich wachte schlagartig erschrocken auf.

Instinktiv tastete ich meinen Mund ab, aber alles war da, nichts tat weh. Es war nur ein Traum, dachte ich. Doch irgendwie fühlte ich, dass das nicht nur symbolisch für mich zu verstehen war. Der Traum sollte mich auf etwas vorbereiten und mich regelrecht vorwarnen. Einige Wochen später zeigte sich, was gemeint war.

Plötzlich bekam ich leichte Schmerzen im Unterkiefer. Ich muss dazu sagen, dass ich früher nie Probleme mit meinen Zähnen hatte. Zuerst wartete ich ab, aber dann entschied ich mich, zum Zahnarzt zu gehen. Es stellte sich heraus, dass ich eine starke Zahnfleischentzündung hatte, die behandelt wurde. Es schien schnell abzuheilen, und ich dachte, der Traum sei damit erledigt – doch das war ein Irrtum.

Die Entzündung kam wieder, diesmal heftiger und häufiger. Schließlich wurde festgestellt, dass mein Weisheitszahn daran beteiligt war und dieser entfernt werden musste. So klärte sich auch der Verlust des Zahns und die Schmerzen im Traum. Unglaublich! Obwohl es keine angenehme

Botschaft war, zeigte mir der Traum etwas Wichtiges, und dafür bin ich dankbar.

Ein weiteres Traumerlebnis betraf meinen Großvater, der in diesem Jahr verstarb.

Schon lange zuvor hatte ich geträumt, dass zuerst meine Großmutter und kurz darauf mein Großvater (beide väterlicherseits) sterben würden. Bei meinem Opa nahm ich sogar spezifisch einen Herzstillstand und einen Schlaganfall wahr – und so kam es auch.

Er erlitt einen Schlaganfall und lag dann im Koma. Obwohl ich viele Kilometer entfernt in einem anderen Land lebte, konnte ich seinen Zustand genau spüren. Es war heftig und bedrückend. Ich fühlte mich tagelang energetisch leer, war traurig und von Schuldgefühlen geplagt. Es war, als wäre ich direkt mit ihm verbunden, als wäre sein Geist in meinen eingedrungen.

Mein Opa hatte in seinem Leben viel Leid über die Familie gebracht. Dennoch möchte ich hier nicht schlecht über ihn sprechen. Auch er hatte seine Gründe für sein Handeln. Am Ende steht man seinen Taten und Entscheidungen gegenüber, wenn man diese Welt verlässt. Jesus sagte einst: „Richte nicht, auf dass du nicht gerichtet wirst." Diese Weisheit habe ich fest verinnerlicht.

Als mein Opa im Sterben lag, spürte ich, dass er mit all seinen Taten konfrontiert wurde und sie bitterlich bereute. Ich fühlte seine Reue tief in mir. Daher bat ich meine Familie, ihm seine Fehler zu vergeben, damit er leichter ins Jenseits hinübergehen konnte. Es war eine Erleichterung, als sie mir zusagten, für ihn zu beten und ihm zu verzeihen.

Am Tag seines Todes erhielt ich während eines Telefonats mit meinem Vater die Nachricht, dass mein Opa gestorben war. Ich war vorbereitet, hatte mich im Geiste längst verabschiedet und fühlte, dass die Verbindung zu ihm gelöst war.

Ein paar Tage später erschien mir jedoch nicht mein Großvater im Traum, sondern ein älterer Mann, den ich noch nie zuvor gesehen hatte.

Er stellte sich mir als Begerack vor, was mich erstaunte, da dies mein Nachname ist. Er sprach zu mir ohne seine Lippen zu bewegen und zeigte mir Bilder meines Opas. Er teilte mir mit, dass mein Opa nach wie vor nicht ins Licht gegangen sei, sondern sich in einer Art Zwischenwelt befinde, in der er für seine Fehler büßen müsse. Es war ein schauriger Moment, aber ich war dankbar für die Information.

Eine positive Erinnerung meinerseits an
meinen Opa zusammen mit mir und meiner
Tochter Anastasia

Ebenfalls eine schöne Erinnerung an meinen
Opa, gemeinsam mit meinem Vater, Tochter
und Onkel

Ein weiteres heftiges Erlebnis in meinen Träumen ereignete sich vor einigen Monaten. Als ich aufwachte, weinte ich bitterlich und wimmerte immer wieder, dass ich in der Nacht gestorben sei. Mein Mann brauchte einige Zeit, um mich zu beruhigen. Es war ein sehr reales Erlebnis, und ich konnte nicht sicher sagen, ob mein Herz für einige Momente ausgesetzt hatte. Dieser Traum zeigte mir jedoch, dass ich an meinen Ängsten arbeiten muss.

Dieses Erlebnis erschütterte mich bis ins Innerste. Ich hatte schon viele intensive Träume, aber dieser Traum fühlte sich so real an, als wäre meine Seele tatsächlich für einen Moment vom Körper gelöst worden. Die absolute Freiheit und Schwerelosigkeit, die ich verspürte, während ich mit diesem Licht verschmolz, war zugleich beängstigend und wunderschön. Es war, als würde ich einen Blick hinter den Vorhang werfen, einen kurzen Einblick in das, was jenseits des physischen Lebens liegt.

Doch so real dieser Traum auch war, er hinterließ in mir nicht nur Angst, sondern vor allem Dankbarkeit. Dankbarkeit für das Leben und für die Erkenntnis, dass unser Dasein hier auf der Erde nur ein Teil eines viel größeren Ganzen ist. Dieser Traum zeigte mir erneut, dass der Tod nicht das Ende ist – sondern eine Transformation in einen Zustand, der weit über unser alltägliches Verständnis hinausgeht.

Seit diesem Erlebnis bin ich noch mehr darin bestärkt, dass wir keine Angst vor dem Unbekannten haben müssen.

Vielmehr sollten wir daran arbeiten, uns von den irdischen Ängsten zu befreien, die uns oft zurückhalten. Es ist eine Erinnerung daran, dass das Leben wertvoll ist und dass wir uns auf die Dinge konzentrieren sollten, die wirklich wichtig sind – Liebe, Mitgefühl und inneres Wachstum.

Trotz der anfänglichen Erschütterung fühle ich mich durch diesen Traum gestärkt. Er hat mir gezeigt, dass ich mich meiner spirituellen Reise noch bewusster widmen sollte. Es war, als hätte das Universum mir die Möglichkeit gegeben, einen kleinen Vorgeschmack auf das Jenseits zu erleben, um mich auf das vorzubereiten, was noch vor mir liegt. Und während ich weiter in diese Richtung wachse, werde ich mich daran erinnern, dass die Angst vor dem Unbekannten nur eine Illusion ist – und dass es am Ende nur das Licht und die Liebe gibt, die uns alle verbindet.

In diesem Traum befand ich mich in einem großen Raum, in dem viele Tische und Stühle standen. Ein Mann winkte mich zu sich. Wir führten ein langes Gespräch, und anschließend gingen wir einen Weg entlang, auf dem leuchtende runenartige Schriftzeichen auf dem Boden erschienen. Schließlich standen wir vor einer großen weißen Wand. Der Mann machte eine Handbewegung, und ein riesiges Symbol in gleißendem weißem Licht erschien. Das Licht zog mich förmlich hinein, und ich konnte mich nicht dagegen wehren. Ich verschmolz mit dem Licht, war selbst nur noch Licht, ohne Zeitgefühl und völliger Schwerelosigkeit.

Es war das intensivste und außergewöhnlichste Erlebnis, das ich je in einem Traum hatte.

Als ich schließlich wieder in diesem Raum stand, war das Licht verschwunden. Ein anderer Mann trat an mich heran, sagte ein paar Worte – doch ich erinnere mich nicht mehr an das, was er sagte. Schließlich wachte ich weinend auf und war fest davon überzeugt, dass ich in dieser Nacht gestorben war.

Kapitel 8
Ernährungsumstellung

In den letzten Jahren sind mir viele Dinge noch viel bewusster geworden. Es wurde mir immer klarer, wie wichtig es ist, Körper, Seele und Geist in Einklang zu bringen. So habe ich unter anderem damit begonnen, meine Ernährung schrittweise umzustellen. Es gab bereits eine Zeit, in der ich zweieinhalb Jahre kein Fleisch gegessen habe. In dieser Phase ging es mir energetisch besser als je zuvor. Nach dem Essen fühlte ich mich nicht mehr müde, sondern voller Energie.

Irgendwann fing ich dann leider wieder an, Fleisch zu essen – erst selten, später immer öfter. Ich merkte den Unterschied schnell und ärgerte mich über mich selbst, weil ich wieder damit angefangen hatte. Es war absolut nicht nötig, und ich hatte es auch nicht wirklich vermisst. Also warum begann ich erneut damit, obwohl ich nie ein starker Fleischesser war?

Schon als Kind aß ich lieber die Soße mit Knödeln oder Brot und ließ das Fleisch auf dem Teller liegen. Vielleicht war es der Geschmack, der mich zurückbrachte, oder einfach die gewohnten Instinkte, die uns Menschen begleiten. Aber ist der Fleischkonsum in der heutigen Zeit noch wirklich natürlich? Gerade in Anbetracht des weltweiten Massenkonsums? Aus meiner Sicht nicht. Die Massentierhaltung, in der Tiere auf engstem Raum unter oft schrecklichen Bedingungen leben, ist alles andere als natürlich.

Wozu das alles? Letztlich geht es darum, unsere tierischen Instinkte zu befriedigen und aufrechtzuerhalten.

Tiere sind es, die unser Leben bereichern.

Jedes Lebewesen ist kostbar

Auch wenn es hart klingt, wir handeln in gewisser Weise noch wie Barbaren. Denn Tiere haben, wie wir, eine Seele, ein Herz und einen Verstand. Wir essen die Körper von Wesen, die uns in vielerlei Hinsicht ähnlich sind. Warum tun wir das? Sollten wir nicht längst geistig reif genug sein, um darauf zu verzichten? Auch ich habe mich immer mehr mit diesen Fragen auseinandergesetzt und beschlossen, wieder mehr Abstand vom Fleisch zu nehmen.

Es fiel mir eigentlich sehr leicht, weniger Fleisch zu essen, zumal ich ja schon mal einige Zeit gar kein Fleisch mehr aß. Meine Erkenntnisse liegen darin, dass man mit einer gesunden und vor allem bewussten Ernährung sich selbst Gutes tut und auch seiner Umwelt. Schließlich hatte ich bereits die positiven Effekte erlebt: mehr Energie, ein besseres Wohlbefinden und das Gefühl, achtsamer mit meiner Umwelt umzugehen. Mein Ziel ist es, wieder dorthin zu kommen, wo ich schon einmal war und kein Fleisch mehr zu verzehren. Da ich mich hierhingehend nicht selbst unter Druck oder gar Zwang stellen wollte, entschied ich mich für den Weg, nur noch selten bis kaum Fleisch zu essen.

Wir entschieden uns für Fleisch, das direkt von einem heimischen Bio-Bauern aus unserer Gegend stammt. Zwar macht es das Leid des Tieres nicht ungeschehen, aber zumindest weiß ich, dass es artgerecht gehalten wurde und nicht unnötig leiden musste. Vor der Zubereitung bedanke ich mich geistig bei dem Tier und bei Gott, denn es ist nicht selbstverständlich, Nahrung auf dem Tisch zu haben. Diese Dankbarkeit ist ein wesentlicher Bestandteil meines Lebens. Es gibt immer noch viele Menschen, die hungern, während wir im Überfluss leben.

Es wurde mir auch bewusster, dass es nicht nur um Fleischkonsum geht, sondern auch um andere Lebensgewohnheiten, die überdacht werden müssen. So begann ich, meine gesamte Ernährung umzustellen, und bei meinem Mann fand ein starkes Umdenken statt. Er litt viele Jahre unter Akne und gichtartigen Schmerzen in den Gelenken und Muskeln. Oft wachte er mit geschwollenen Gelenken auf, doch die Ärzte fanden nichts. Ich hatte den Verdacht, dass er stark übersäuert war.

So begann er, sich mit speziellen Präparaten zu entsäuern, und wir reduzierten den Fleischkonsum auf ein Minimum. Zudem stellten wir unsere Ernährung auf basische Lebensmittel um, aßen viel Obst und Gemüse aus Bioanbau und kauften regelmäßig auf dem Wochenmarkt ein.

Bereits nach einem Monat veränderte sich seine Haut, die Akne ging zurück, und seine Schmerzen wurden weniger. Die Schwellungen hörten auf, und es ging ihm körperlich viel besser. Interessanterweise reagiert sein Körper sehr sensibel auf Abweichungen von dieser Ernährung. Sobald er anfängt, seine Ernährung zu vernachlässigen, merkt er sofort, dass seine Beschwerden zurückkehren.

Mittlerweile gehören selbstgemachte Vitaminsäfte und Smoothies zu unseren täglichen Ritualen. Ich möchte an dieser Stelle kein Buch über Ernährung schreiben, denn es gibt viele hervorragende Werke zu diesem Thema. Wer sich intensiver damit auseinandersetzen möchte, findet zahlreiche informative Videos auf Plattformen wie YouTube. Was ich aber als Tipp geben kann: Ingwer, Knoblauch, Zitrone, Petersilie und Granatapfel sollten auf keinem Speiseplan fehlen. Diese Lebensmittel liefern wichtige Vitamine und stärken das Immunsystem.

Knoblauch wird seit Jahrhunderten in der Medizin geschätzt, weil er Blutfette reduziert und Herz und Gefäße schützt. Granatapfel ist eine wahre Vitaminbombe und fördert das Herz-Kreislauf-System sowie das Gedächtnis. Und mein absoluter Favorit, der Ingwer, ist reich an Vitamin C und vielen Mineralien wie Magnesium und Eisen. Er wirkt entzündungshemmend und hemmt die Vermehrung von Viren. Ich verwende ihn auch beim Kochen, weil er die Verdauung unterstützt.

Auch viele andere Lebensmittel wie Avocado, Brokkoli, Rote Bete, Spinat, Chicorée, Paprika und Kurkuma gehören zu unserem täglichen Ernährungsplan. Ungesunde Fette und Zucker versuchen wir mehr und mehr aus unserer Küche zu verbannen, und stattdessen gesunde Alternativen wie Honig oder Ahornsirup zu verwenden. Bei Fetten setzen wir auf Olivenöl oder Rapsöl, und mehrfach ungesättigte Fettsäuren beziehen wir aus Walnüssen, Chiasamen und Leinöl.

Unsere Familie profitiert sehr von dieser Ernährungsumstellung. Wir achten beim Einkaufen darauf, die Inhaltsstoffe genau zu überprüfen, insbesondere E-Nummern und Zuckerzusätze. Ich kann jedem ans Herz legen, sich mit seiner Ernährung auseinanderzusetzen. Es ist zwar zeitaufwendig, sich beim Einkaufen genauer umzusehen, aber das eigene Wohlbefinden sollte es uns wert sein.

Egoismus kann hier sogar etwas Positives sein – sei egoistisch genug, um auf dich selbst zu achten. Denn wenn wir uns selbst lieben und pflegen, geben wir diese Energie auch an unsere Umgebung weiter. Es ist mir ein großes Anliegen, dass wir als Kollektiv lernen, besser mit unserem Planeten, unserer Natur und allen Lebewesen umzugehen.

An dieser Stelle möchte ich meinem Vater das Wort überlassen. Er hat eine besondere Erfahrung gemacht, die ihm sehr geholfen hat. Ich habe ihn gebeten, diese wundervolle Begebenheit mit meinen Lesern zu teilen. Wenn ihr einen Einblick in sein Leben bekommt, werdet ihr verstehen, warum ich so großen Respekt vor ihm habe. Viele hätten an seiner Stelle aufgegeben, doch er tat es nicht.

Dafür bewundere ich ihn sehr. Jetzt überlasse ich ihm das Wort.

Kapitel 9
Hatcamat/Hijama

Jede Krankheit, das sollten wir wissen, hat eine Vorgeschichte. Eine Krankheit braucht Zeit, um sich zu entwickeln und irgendwann im menschlichen Körper sichtbar zu werden. In der Regel geht der Erkrankte zum Arzt, schildert seine Beschwerden und legt vertrauensvoll seine Gesundheit in des-sen Hände. Der Arzt möchte und muss selbstverständlich auch Geld verdienen, ebenso wie die Pharmaindustrie, die den Arzt regelmäßig mit Medikamenten beliefert. Diese Unternehmen wollen natürlich, dass ihre Präparate von den Ärzten empfohlen werden. So verdient jeder an diesem „Kuchen" mit. Und wer ist am Ende der „Kuchen"? Richtig, der Patient mit seinem Leiden. Doch leider kann die Pharmaindustrie oft nur begrenzt helfen. Manchmal führt der Einsatz von Medikamenten sogar dazu, dass der Patient am Ende noch kränker ist – aufgrund der Nebenwirkungen. So wird man womöglich von einer Krankheit geheilt, nur um dafür zwei andere zu bekommen. Für mich ergibt sich hier ein Teufelskreis, aus dem sich viele nur schwer befreien können, wenn sie einmal mittendrin sind.

An dieser Stelle möchte ich einen kleinen Bruchteil meines jahrelang erlebten Leids mit meiner Krankheit erzählen und aufzeigen, welche wunderbaren Möglichkeiten es gibt, um gesünder zu werden. Vieles wird uns, besonders in Europa, noch nicht wirklich bekannt gemacht. Doch dazu mehr im Laufe meiner Erzählung.

In jungen Jahren war ich ein erfolgreicher Kleinunternehmer in der Hauptstadt Bayerns. Ich führte dort einen Schlüssel-, Schuh- und Gravurservice und war über siebenundzwanzig Jahre lang fleißig und hart arbeitend tätig, mit großem Erfolg. Doch im fünfundzwanzigsten Geschäftsjahr begannen mich grausame Schmerzen zu quälen – sowohl im

Rücken als auch rechtsseitig vom Gesäß bis zu den Fersen. Diese ziehenden Schmerzen breiteten sich immer mehr aus und wurden von starken Kopfschmerzen begleitet. Die Diagnose der Ärzte, bei denen ich in Behandlung war: Fibromyalgie, schwerer Bandscheibenvorfall, verengte Spinalkanalstenose und vieles mehr.

Während dieser Zeit fühlte ich mich oft, als hätte ich jegliche Kontrolle über mein Leben verloren. Der körperliche Schmerz war schlimm genug, doch was mich fast noch mehr quälte, war die emotionale Last. Ich fragte mich immer wieder, wie es so weit kommen konnte, dass mir alles, was ich mir aufgebaut hatte, genommen wurde. Es war, als säße ich in einem dunklen Tunnel, ohne Aussicht auf einen Ausweg.

Doch jedesmal, wenn die Verzweiflung überhandnahm, dachte ich an meine Tochter. Sie war der Grund, warum ich weitermachte, warum ich mich weigerte, aufzugeben. Sie brauchte mich, und das allein gab mir die Kraft, weiterzukämpfen – egal, wie dunkel die Tage waren. Manchmal ist es die Liebe zu den Menschen, die uns am meisten bedeuten, die uns über Wasser hält, wenn alles andere versagt.

Ab dieser Zeit begann für mich ein jahrelanger Leidensweg mit einer aus heutiger Sicht sinnlosen und quälenden Behandlung. Damals war ich Privatpatient und konnte mir das leisten. Mein Arzt verdiente eine gewaltige Summe an mir – in den fünf Behandlungsjahren sicherlich mehrere hunderttausend Euro. Ich weiß das, weil ich jede Rechnung selbst in den Händen hielt. Viel später erkannte ich, dass er mich gar nicht heilen wollte. Seine Behandlungsmethoden waren meiner Meinung nach von Anfang an darauf ausgerichtet, mich auszunehmen. Zweimal die Woche „Quaddeln", bei denen mir pro Behandlung etwa 30 Injektionen verabreicht wurden, zusätzlich bis zu zwei schmerzstillenden Spritzen. Diese Behandlungen waren alles andere als angenehm. Nach jeder Sitzung war mir schwindlig, und es dauerte, bis ich mich erholte. Am Ende lief ich beidseitig auf Krücken. Mein Geschäft und alles, was ich mir über Jahre aufgebaut hatte, verlor ich auf bittere Weise.

Durch diesen gesundheitlichen Absturz wurde ich schließlich obdachlos. Das Sozialamt, an das ich mich wenden musste, konnte mir keine angemessene Wohnung anbieten.

Durch großes Glück und Gottes Segen erhielt ich jedoch über Bekannte eine unbewohnte Wohnung, die in einem völlig renovierungsbedürftigen Zustand war. Aber das war mir egal – ich war einfach nur unendlich dankbar, wieder ein Dach über dem Kopf zu haben. Das Sozialamt übernahm die Mietkosten, aber die Renovierung musste ich selbst bewältigen. Mit minimaler Unterstützung durch die Familie konnte ich die Wohnung über zwei Jahre hinweg bewohnbar machen. Diese Zeit kostete mich viel an Körperkraft und brachte noch mehr Schmerzen mit sich. Es gab Momente, in denen ich mir vor Schmerz meine geladene Pistole an den Kopf hielt, aber glücklicherweise fand ich nie den Mut, abzudrücken.

Es war jedoch nicht nur die Verantwortung für meine Tochter, die mich am Leben hielt. Immer wieder spürte ich tief in mir eine leise, aber beständige Stimme, die mir zuflüsterte, dass mein Weg noch nicht zu Ende sei. Diese Eingebungen waren so klar, dass ich manchmal das Gefühl hatte, geführt zu werden. Es war, als hätte ich einen unsichtbaren Begleiter, der mir Mut machte, nicht aufzugeben. Diese spirituelle Verbindung half mir, in den dunkelsten Momenten zu erkennen, dass es immer einen höheren

Sinn gibt – auch wenn wir ihn nicht sofort verstehen.

Mir wurde immer wieder bewusst gemacht, dass ich mein Kind nicht vergessen darf. Ich habe eine wunderbare Tochter, die ich über alles liebe und die mir sehr nahesteht. Sie brauchte mich, und ich konnte sie nicht im Stich lassen. Irgendetwas sagte mir immer deutlicher, dass ich noch viel zu tun hätte. Ich musste darauf vertrauen und Geduld haben.

So begann ich in meinem neuen Zuhause, einer kleineren Ortschaft in Niederbayern, einen neuen Arzt zu suchen. Da es in meiner Stadt keinen Schmerzmediziner gab, musste ich in eine benachbarte Stadt fahren. Dort fand ich eine Ärztin, die meine akute Situation sofort erkannte. Sie riet mir dringend von meiner bisherigen Behandlungsmethode ab. Damals nahm ich starke Schmerzmittel, um den Alltag zu bewältigen, und es sah so aus, als bekäme ich von ihr nun den Rest. Sie erklärte mir jedoch, dass ich dringend meinen Schmerzpegel senken müsse. Ich sollte Morphin nehmen, um wieder ein halbwegs menschenwürdiges Leben führen zu können.

Nach einiger Zeit ging es mir tatsächlich besser. Ich konnte wieder ohne Krücken laufen, doch etwa fünfzig Prozent der Schmerzen blieben. Mit der Zeit lernte ich, mit ihnen zu leben. Trotz der gesundheitlichen Rückschläge habe ich es geschafft, mir ein neues Leben aufzubauen. Vor einigen Jahren habe ich mich in der Türkei niedergelassen, was die beste Entscheidung meines Lebens war.

Kurz nachdem ich hier eingezogen war, wurde mir ein Mann aus der Nachbarschaft empfohlen, der Hatcamat/Hijama (Schröpfen) praktizierte. Anfangs wusste ich nicht, was das genau war, also ließ ich es mir erklären und begann, mich intensiver damit zu beschäftigen. Hatcamat ist ein uraltes Naturheilverfahren, das in vielen Kulturen bekannt ist. Diese Therapie arbeitet über die Reflexzonen der Haut. Zuerst werden kleine Schnitte auf der Haut gesetzt. Anschließend werden Gläser auf die Haut aufgelegt, in denen Unterdruck erzeugt wird. Dadurch strömt verstärkt Blut in den geschröpften Bereich, und das alte sowie belastete Blut tritt aus den Schnitten aus. Durch diese verschiedenen Wirkmechanismen auf den Körper lösen sich Verspannungen, Schmerzen und viele andere körperliche Beschwerden.

Ich ging also zu diesem Mann zur ersten Behandlung, bei der mir zwölf Gläser entlang meines Rückens aufgesetzt wurden. An allen Stellen wurde die Haut leicht angeritzt, und es trat eine große Menge dickes, gestocktes Blut und sogar Eiter aus. Nach der Behandlung sagte mir der Mann, dass es allerhöchste Zeit war, dass ich gekommen war. In seiner gesamten Laufbahn als Hatcamat-Praktiker hatte er noch nie erlebt, dass jedes Glas so voll mit gestocktem Blut und Eiter war. Er erklärte mir, dass aufgrund dieses starken Blutstaus die Behandlung anfangs häufiger durchgeführt werden müsse. Sobald das

Blut jedoch überall dünn fließe, würde eine Behandlung pro Jahr völlig ausreichen.

Bereits wenige Stunden nach der ersten Behandlung spürte ich eine enorme Erleichterung meiner sonst so starken Schmerzen im ganzen Körper. Es war ein völlig neues Lebensgefühl, fast schmerzfrei zu sein. Mit jeder weiteren Behandlung, die ich bei ihm machte, nahm die Schmerzerleichterung weiter zu. Seitdem war ich fünf Mal zur Behandlung und fühle mich wie neugeboren und topfit.

Heute gehe ich wieder meinen sportlichen Aktivitäten nach und fühle mich besser als je zuvor. Die Schmerzen, die mich über fünfzehn Jahre begleitet haben, sind fast verschwunden. Ich kann diese Therapie nur jedem empfehlen, der ähnliche Probleme hat. Vielleicht beginnt man auch in Europa bald, umzudenken und diese alten, aber wirksamen Heilmethoden mehr zu schätzen.

Meine Tochter ist für mich das beste Beispiel dafür, wie wichtig es ist, nicht aufzugeben. Ich bin dankbar, dass ich meine Erfahrungen teilen darf und dies über die Lebensgeschichte meiner Tochter weitergeben kann.

Kapitel 10
Therapeutische Erfolge

An dieser Stelle hast du, lieber Leser, nun einen kleinen Einblick in das Leben meines Vaters bekommen. Mir persönlich war es ein großes Bedürfnis, dass er ein wenig aus seiner Lebensgeschichte preisgibt und vor allem den gesundheitlichen Erfolg anderen weitergeben darf. Es ist schon wirklich großartig, was es alles an Möglichkeiten gibt, wenn man anfängt, dafür offen zu sein und sich damit zu beschäftigen. Ich finde, unser Körper und unsere Gesundheit sollten es mehr als wert sein, beachtet zu werden. Leider schauen viele erst mehr auf sich selbst, wenn bereits die Krankheiten schon am Keimen oder gar voll ausgebrochen sind.

Wenn man jedoch schon zuvor ordentlich auf sich schaut, so gut es zumindest möglich ist, dann kann man vielleicht sogar manch Schlimmeres umgehen. Wobei einem manche Erkrankung leider oft nicht erspart bleiben kann. Manchmal gilt es auch, etwas daraus zu lernen und daran zu wachsen. Krankheiten haben in der Regel jedenfalls immer eine Ursache bzw. einen Grund. Und diesem Grund gilt es dann auf die Spur zu kommen. So hat man vielleicht die Möglichkeit, so Gott will, diese auch wieder zu heilen.

Während ich durch die Hilfe meiner Mutter meinen eigenen Gesundheitsweg fand, zeigte sich ihre heilende Gabe in einem weiteren, noch bemerkenswerteren Fall. So würde ich gerne in diesem Kapitel kurz auf zwei jüngste Ereignisse etwas eingehen, bei denen meine liebe Mama wieder Großartiges, wie ich finde, geleistet hat. Der eine Fall betraf mich selbst, und es war außerordentlich unangenehm, was ich einige Wochen durchgemacht habe.

Begonnen hatte es damit, dass ich zu Besuch in Deutschland war und alles ziemlich chaotisch bezüglich Schlafplatz etc. ablief. So konnte ich bei meiner Freundin, was eigentlich ursprünglich geplant war, nicht schlafen, da ihre Kinder krank wurden. Da ich da grundsätzlich mehr aufpassen muss, habe ich kurzfristig einen anderen Schlafplatz organisieren müssen. Dort angekommen war alles noch ganz prima, bis es Nacht wurde. Plötzlich schrie das Kind meiner lieben Bekannten ganz laut vor Schmerzen. Das Kleine bekam kurzerhand hohes Fieber, und sie fuhren noch zu Mitternacht in die Klinik. Dort stellte sich heraus, dass die Kleine Scharlach hatte. Ich musste spontan einen neuen Schlafplatz organisieren. Dort konnte ich nur auf einer Luftmatratze schlafen, die scheinbar kaputt war.

Somit lag ich zwei Nächte total verbuckelt auf diesem notdürftigen Schlafplatz. Daraufhin hatte ich eh schon mal starke Schmerzen bekommen, dazu kam noch sehr viel Unruhe und Stress, den ich zusätzlich dort hatte. Kurzerhand entschloss ich mich dann wieder für die Rückfahrt, weil mir einfach alles plötzlich völlig zu viel wurde. So machte ich mich gemeinsam mit meiner Tochter wieder auf den Rückweg.

Während meiner Zugfahrt merkte ich schon, dass irgendetwas komisch war. Ich hatte schlagartig von einer Sekunde auf die andere Gleichgewichtsstörungen und mir wurde immer wieder leicht schwindelig. Das Ganze wurde dann mit den Tagen immer schlimmer. So kam es, dass ich plötzlich in der Nacht sogar im Liegen diesen Schwindel hatte. Ich bekam es natürlich mit der Panik, denn dieser Zustand war extrem unangenehm und zudem regelrecht anhaltend. Bei jeder falschen Bewegung war mir komisch und alles drehte sich. Selbstverständlich musste ich zum Arzt. Nur da ich sehr viel Grausames in der Vergangenheit erlebt habe, bin ich, was diesen Punkt betrifft, sehr vorsichtig geworden. Und ich wähle mir meine Ärzte sehr genau aus. Das Vertrauen und mein Gefühl müssen stimmig sein. Und bisher traf ich hier in Wien nur eine kleine Handvoll Ärzte, mit denen ich gut kooperieren und zusammenarbeiten kann. So dachte ich mir, wäre es zuerst sinnvoller, meine Mutter um Rat und Unterstützung zu bitten. Ich wollte wissen, was es hier auf sich hatte mit dem Schwindel. Ob dieser nun direkt von der Halswirbelsäule ausging und ob ich einen Facharzt aufsuchen sollte.

Wir gingen dann alles telefonisch genau durch und meine Mutter fand mittels ihres Pendels und der geistigen Welt heraus, dass der Schwindel hauptsächlich durch den ganzen stressigen Ablauf in Deutschland ausgelöst wurde. Zuerst war ich noch etwas skeptisch, ob das wirklich die

Hauptursache sein konnte, doch vertraue ich meiner Mutter. Sie begann mit mir am Telefon zu arbeiten. Sie hat vor einiger Zeit eine neue und eigene Art von Therapieform entwickelt, bei welcher man solche negativen Erlebnisse und Zustände entsprechend auflösen und transformieren kann. Danach wird das System sozusagen neu programmiert und die Zellen dazu repariert. Ich hoffe, ich konnte es weitgehend verständlich nahebringen. Jedenfalls habe ich alles brav mitgemacht und stellte bereits nach dem ersten Durchgang fest, dass eine leichte Erleichterung vorhanden war. Ich konnte nachts wieder normal liegen, ohne dass sich alles drehte und mir total schwindlig war. Das war für mich schon mal ein Aufatmen.

Nach wenigen Tagen gingen wir dieselbe Prozedur noch einmal durch. Das Ganze dann noch weitere Male. Und zurückblickend war nach ca. zwei Wochen völlige Ruhe eingekehrt. Der Schwindel und der unangenehme Zustand waren völlig verschwunden und kehrten auch nicht mehr wieder. Ehrlich gesagt, stand ich der Sache zuerst etwas skeptisch gegenüber, da ich ein Mensch bin, der erst einmal selbst ausprobieren muss, ob etwas für mich ist oder nicht. Das war schon immer so und ehrlich gesagt, bin ich darüber auch sehr froh. Das kann ich auch jedem Menschen nur dringend ans Herz legen – nicht leichtgläubig zu sein und zuerst für sich zu prüfen, ob man gewillt ist, einer Sache eine Chance zu geben. Und auch nicht alles zu glauben, was einem vorgegeben wird. Ich finde das sehr wichtig. Wobei ich natürlich genau weiß, wenn es von meiner Mutter kommt, kann ich darauf bauen. Dennoch war ich schon immer so geeicht. Vielleicht habe ich diese Denkweise auch von meinem Vater übernommen. Ehrlich gesagt, muss ich manchmal selbst darüber schmunzeln und lachen, wenn ich so darüber nachdenke. Wenn ich überlege, was ich schon alles für verrückte und krasse Sachen erlebt habe und das täglich aufs Neue tue, wo ich eigentlich nichts in Frage stellen sollte. Dennoch tue ich es und gehe immer mit wachem Geist und Verstand auf die Dinge zu. Ich achte auf mein Gefühl und meinen Ver-stand, was er mir sagt. Ich denke, ich kann behaupten, dass ich es weitgehend über die Jahre geschafft habe, diese beiden Aspekte gut in Einklang miteinander zu bringen. Denn meist schaffe ich es problemlos, mit beiden Sinnen zu eruieren, was stimmig ist und was nicht. Worauf ich bauen kann und worauf nicht. Wem ich vertrauen darf und wem nicht. Für diese geistige Gabe bin ich täglich dankbar und bete, dass sie mir weiterhin bis zum

Ende meiner Tage in diesem Leben erhalten bleibt. Auch werde ich sie weiter schulen und trainieren. Man kann diese Gaben immer noch weiter ausbauen. Ich kann es wirklich jedem ans Herz legen, es ebenfalls zu tun. Denn ich bin überzeugt, jeder könnte es.

Man muss es bloß wieder ausgraben, was verschüttet ist, und reaktivieren. Dann beginnen es zu trainieren. Vielleicht werde ich auch das noch zu einem meiner Ziele für dieses Sein machen, Menschen darin nicht nur zu bestärken, sondern dahingehend auch zu trainieren. Wer weiß. Es ist jedenfalls ein Gedanke, der mich schon einige Zeit beschäftigt. Ich lass es auf mich zukommen.

Nun zurück zu meiner Mutter und dem weiteren Geschehnis, das sich vor weit über zwei Jahren ereignet hatte. An dieser Stelle werde ich wie immer keine Namen nennen, um die Persönlichkeit der einzelnen Personen zu wahren. Das ist mir nämlich ganz wichtig. Eine gute und langjährige Freundin meiner Mama bekam eines Tages mitgeteilt, dass sie Krebs im Endstadium hat. Der Körper sei bereits voll mit Metastasen, und sie hätte nur noch kurze Zeit zu leben.

Eine Chemotherapie wurde ihr selbstverständlich angeboten, jedoch würde diese ihre Zeit nur geringfügig etwas verlängern. Kurzerhand ließ sie sich von meiner Mutter behandeln.

Ich muss ehrlich an dieser Stelle zugeben, dass ich damals meiner Mutter riet, sie solle sich das gut überlegen, ob sie dies machen wolle. Denn es ist ja eine gute Freundin von ihr und falls die Therapie nicht anschlägt, würde sie sich vielleicht hinterher sehr quälen damit.

Und da die Diagnose Krebs im Endstadium lautete, hatte ich persönlich das Ganze sehr nüchtern betrachtet. Die Chancen stehen einfach insgesamt wesentlich schlechter, weil die

Zeit gegen sie arbeitet. Doch meine Mutter wollte sie natürlich nicht im Stich lassen und so begann sie täglich mit ihr zu arbeiten. Sie hat auf mehreren Ebenen mit ihr gearbeitet. Sowohl auf der seelischen, geistigen als auch auf der körperlichen Ebene. Ernährung wurde umgestellt, alte Muster und Konflikte aufgelöst. Auch der Hausarzt wurde aktiv miteinbezogen und hat das Ganze wohlwollend mitunterstützt.

Es war ein Auf und Ab der Gefühle an allen Fronten. Immer wieder musste das viele Wasser, das sich im Bauchraum der Freundin angesammelt hatte, abgesaugt werden. Zeitweise dachte ich wirklich, es geht nicht mehr lange. Sie hat natürlich stark abgenommen und schlecht geatmet. Es sah in meinen Augen wirklich nicht gut aus. Doch meine Mutter gab nicht auf und kämpfte wie eine Löwin für die Gesundheit ihrer Freundin. Der Prozess ging, soweit ich das noch in Erinnerung habe, ein knappes Jahr. Eines Nachts träumte ich von der Freundin meiner Mutter. In jenem Traum sah ich die Freundin sterben. Sie lag im Bett, und während des Sterbeprozesses wurde sie immer kleiner. Sie fing plötzlich an zu schrumpfen. Sie wurde so klein, bis ich sie plötzlich als Baby vor mir auf dem Bett liegen sah. Sie strahlte und strampelte und schaute mich an. Daraufhin wachte ich auf und rief meine Mutter am Morgen darauf an. Ich erzählte ihr von meinem Traum und wusste nicht recht, wie ich diesen deuten sollte. Es war zwar so, als würde sie sterben, doch das Bild des strampelnden Babys gab dem Ganzen eine neue Bedeutung. So meinte ich zu meiner Mutter, Tod steht auch für das Ende von etwas Altem und das Baby signalisiert für mich Neubeginn. So musste es wohl sein. Es sollte nicht ihr Ende bedeuten, sondern eine Erneuerung.

Und tatsächlich, es hatte nicht mehr lange auf sich warten lassen. Ich werde den Tag nicht vergessen, als ich mit meiner Mutter am Telefon sprach und sie mir freudig mitteilte, dass ihre Freundin auf dem Weg zur Besserung sei. Einige Zeit später ließ sie sich erneut komplett untersuchen. Die Ärzte waren außer sich, denn die Metastasen waren alle weg. Es ließ sich nichts mehr finden bei den Untersuchungen. Man konnte es nicht erklären. Ein gutes Jahr zuvor hatte man dieser Frau noch ihr vorzeitiges Ableben prophezeit, und nun war sie krebsfrei. Wie konnte das sein? Die Ärzte standen vor einem Rätsel.

Man muss hier ganz klar erwähnen, dass dies nur möglich war durch die Unterstützung des Hausarztes und die Bereitschaft der Patientin selbst. Sie hat losgelassen und sich in Gottes Hände begeben, unabhängig davon, mit welchem Resultat sie am Ende rechnen musste. Das Vertrauen, die Liebe und das Loslassen von alten Mustern haben ihr die Kraft gegeben, diesen Weg zu beschreiten. Die wunderbare Zusammenarbeit zwischen allen Beteiligten hat es wohl letztlich möglich gemacht, ihr zu helfen.

An dieser Stelle ist es nun natürlich wichtig, seinem Weg treu zu bleiben und nicht in alte Muster und Verhaltensweisen zurückzufallen. Sonst kann das Alte einen schnell wieder einholen. Aber jeder steht da natürlich für sich selbst am Ende in der Verantwortung. Zudem darf man eines nicht vergessen: Wenn die Uhr abläuft, kann auch die beste Medizin nicht helfen. Da hilft es nur, sich vertrauensvoll und mit Liebe in die Hände unserer eigenen Göttlichkeit zu begeben. Schließlich ist der Tod nur der Anfang, der Beginn von etwas Neuem – eine andere Ebene des Seins, vor der wir uns nicht fürchten müssen. Ganz im Gegenteil. Wir dürfen ihr mit Liebe begegnen, denn am

Ende kommen wir wieder in unserer wahren Seinsform zu Hause an.

Kapitel 11
Hausunterricht

Als ich damals nach Wien zog, ließ ich meine Tochter zuerst noch ihre Klasse in Deutschland ganz fertig machen. Ich wollte sie nicht mitten im Schuljahr einfach rausreißen aus ihrer gewohnten Umgebung. Es war mir wichtig, alles so unkompliziert wie möglich zu handhaben. So war ich jedes bis jedes zweite Wochenende noch viele Monate hin und her gefahren. Anastasia blieb derweil noch wohnhaft bei den Großeltern, mit welchen ich zu der Zeit im selben Haus lebte bzw. dort noch meinen Zweitwohnsitz hatte. So ging das eine ganze Weile hin und her, bis ich sicher war, dass ich in Wien bleiben würde. Es verlangte mir zwar einiges ab, aber doch letztlich war es das ganze Prozedere wert. So suchte ich hier eine geeignete Volksschule in der Nähe und meldete sie fürs darauffolgende Schuljahr dort an. Anastasia lebte sich sehr schnell und gut in Wien ein. Es gefiel ihr außerordentlich. Sie hatte hier viel mehr Möglichkeiten zur Weiterentwicklung eröffnet bekommen als noch in der Stadt, in welcher wir zuvor lebten. Dafür war jene einfach zu klein und hat für unsere Vorstellungen zu wenig geboten.

Die Stadt, in welcher wir zuvor lebten, ist wirklich sehr schön und es war an einigen Stellen eine Bereicherung, dort gelebt zu haben. Ich lernte dort viele großartige Menschen kennen, die mein Leben bis heute noch begleiten, trotz der Distanz. Freunde, die ich nie vergessen könnte und die ich über alles liebe, weil sie meinem Herzen am nächsten stehen und immer stehen werden. Doch ich fühlte, es ist längst an der Zeit, einen neuen Lebensabschnitt zu beginnen. Es wurde Zeit, dass ich mich ganz und gar auf das Muttersein konzentrierte. Und das konnte ich hier auch endlich so, wie ich es mir vorstellte.

Ich begann mit Anastasia viele Unternehmungen zu starten, meldete sie beim Singen, Tanzen und Klavierspielen an. Besonders beim Klavierunterricht konnte ich ihre Begeisterung sehen, wenn sie nach den Stunden noch lange zuhause weiterspielte, ohne dass ich sie dazu auffordern musste. Sie hatte eine Riesenfreude dabei und blühte in ihren musikalischen Fähigkeiten völlig auf, was man daran merkte, dass sie oft ihre eigenen kleinen Melodien komponierte. In der Volksschule selbst allerdings fühlte sie sich nicht sehr wohl. Sie wurde dort oft krank und brachte das natürlich ständig mit nach Hause. Ein Teufelskreis für uns, denn dadurch wurde auch ich stark gesundheitlich in Mitleidenschaft gezogen. Zudem litten ihre schulischen Leistungen sehr.

Mit Mathe kam sie zu dieser Zeit gar nicht klar, besonders das schriftliche Dividieren bereitete ihr große Schwierigkeiten. Selbst im Nachhilfeunterricht wurde darauf nur geringfügig eingegangen. Man konzentrierte sich eher auf das Wiederholen von Aufgaben, ohne wirklich sicherzustellen, dass sie die Grundkonzepte verstand. Spielen stand oft an der Tagesordnung und zu dieser Zeit gab es auch keine Benotungsform.

Für mich persönlich nicht ganz nachvollziehbar, denn ich finde, ein gewisser Maßstab muss schon her. Eine klare Linie und Konstante. Mir fehlte in diesem Schulsystem einfach so vieles. Ich hatte mich wirklich sehr daran gestoßen und wusste, dass sie so die Klasse nicht schaffen könnte. Und leider sollte ich recht behalten. Sie musste tatsächlich die Klasse im Anschluss nochmal wiederholen.

Als ich dann sah, dass das gleiche Spiel weiterging und keinerlei Besserung in Sicht war, nahm ich das Zepter in die Hand und nahm alle Zeit nach der Arbeit, um ihr die entsprechende Nachhilfe zu geben. Sie holte plötzlich sehr schnell auf und ich schaffte es, ihr Mathe und viele andere Fächer viel sinnvoller und klarer nahezulegen. Dieser Erfolg blieb in der eigentlichen Schule leider aus. Am Ende des Wiederholungsjahres hatten mich die Lehrkräfte gefragt, wie ich das geschafft habe, dass sie so enorm aufgeholt hatte. Sie waren alle sehr begeistert. Und Anastasia war erleichtert und sehr glücklich.

Der Hausunterricht hat unglaublich viel bewirkt, besonders im Vergleich zu den schulischen Ergebnissen. Während sie in der Schule Schwierigkeiten hatte, konzentriert zu bleiben, konnte sie zuhause viel besser und gezielter arbeiten.

Ich bereue es keine Minute, diese Entscheidung getroffen zu haben, denn die Fortschritte, die sie im Hausunterricht machte, gingen weit über das hinaus, was sie in der Schule je erreicht hatte. So sollte es kommen, dass mir während dieser Monate meine liebe Nachbarin nahegelegt hatte, warum ich nicht für einige Zeit meine Tochter selbst unterrichte. Es gäbe in Österreich keine Schulpflicht, sondern eine Unterrichtspflicht, und ich könnte sie dafür ab dem kommenden Schuljahr anmelden. So überlegte ich nicht lange und setzte dies in die Tat um.

Wir bekamen die Schulbücher kostenlos von der hiesigen Schule, in welcher sie dann am Ende des Schuljahres eine Externistenprüfung ablegen sollte. Ich begann mich in den ganzen Stoff der dritten Klasse einzuarbeiten und darauf entsprechend vorzubereiten. Im Internet setzte ich mich damit auseinander, was es unterstützend für Möglichkeiten gibt. Ich suchte mir Seiten heraus, bei denen sie von Zeit zu Zeit Testaufgaben zum jeweiligen Thema machen konnte. Texte schreiben, schnelles Kopfrechnen und Dokumentationen schauen, waren bei uns an der Tagesordnung. Sie wurde von Tag zu Tag besser und ich konnte deutliche Leistungsverbesserungen erkennen.

Für ausreichend soziale Kontakte war durch die Musikschule und regelmäßige Treffen mit Freunden gesorgt. Gelegentlich machten wir „Schulausflüge", wenn es um ein bestimmtes Thema ging, und besuchten Museen. Das Ganze mache ich nun seit über zwei Jahren mit Erfolg. Dieses Jahr haben wir uns allerdings gemeinsam vorgenommen, dass sie wieder ab dem Halbjahr in die Neue Mittelschule wechselt, damit sie vor einem Wechsel ins Musikgymnasium nochmal in Ruhe sich auf das allgemeine Schulleben ordentlich einstellen kann. So wird ihr der Wechsel sicher damit deutlich leichter fallen. Denn Gymnasium ist schon nochmal eine

Stufe härter und schwerer, auch wenn es das Musikgymnasium ist und dort der Schwerpunkt auf der Musik liegt. Dennoch muss sie eine gewisse Leistung hierdurch erbringen.

Es geht ihr so wie mir, nicht jedes Fach liegt ihr so wirklich. Auch die Konzentration war die erste Zeit ein großes Thema, das nicht einfach war, in den Griff zu bekommen. Doch haben wir es gut hinbekommen und heute tut sie sich wesentlich leichter, die Konzentration zu halten, auch beim Lernen. Da hat der Hausunterricht und der Musikunterricht viel gebracht. Davon bin ich überzeugt.

Ich bereue es keine Minute für Anastasia und mich, diese Entscheidung getroffen zu haben. Sie konnte dadurch nur profitieren. Sie hat unter anderem gelernt, eine gesunde Disziplin an den Tag zu legen und ihre Konzentration ausreichend lange zu halten. Ich bin außerordentlich zufrieden mit ihr und ihrer Leistung. Es ist schön, diese Entwicklung so bestärkt zu haben und daran maßgeblich beteiligt gewesen zu sein.

Hier meine Tochter fleißig beim Hausunterricht zu Hause

Sowie draußen an der frischen Luft

Anastasia gemeinsam bei einem ihrer vielen
Auftritte mit ihrem Chor

Sie ist immer mit ganzer Leidenschaft beim
Gesang auf der Bühne dabei

Hier ist sie bei einem ihrer bereits kleineren
Auftritte am Klavier

Und schon kräftig am Autogramme vertei-
len, die kleine junge Dame

Kapitel 12
Hochzeit

Im Frühjahr 2018 beschlossen mein Verlobter und ich spontan, dass es nun Zeit sei, die Hochzeitsglocken erklingen zu lassen. So nahm ich kurzerhand die Planung in die Hand und merkte dabei, wie sehr mir diese Aufgabe liegt und wie viel Freude sie mir bereitet. Das Budget war zu diesem Zeitpunkt relativ klein und lag bei nur 4000 Euro. Dennoch wünschte ich mir eine Hochzeit, bei der all die Menschen, die uns nahe stehen, dabei sein könnten. Es sollte eine wunderschöne und unvergessliche Zeremonie werden – mit allem Drum und Dran.

So bat ich die geistige Welt, mich bei der Umsetzung zu unterstützen und mir Wege aufzuzeigen, wie ich trotz des begrenzten Budgets meinen Traum verwirklichen könnte. Und tatsächlich durfte ich in dieser Zeit wundervolle Erfahrungen machen, die mein Herz heute noch zutiefst berühren. Ich fand in einem asiatischen Onlineshop ein traumhaftes Hochzeitskleid, das maßgeschneidert für mich angefertigt wurde – und das für gerade einmal 150 Euro, inklusive Versand. Auch für meine Tochter und

ihre Freundin, die als Blumenmäd-
chen fungieren sollten, bestellte ich
zwei wunderschöne Kleider, die zusammen deutlich unter 100 Euro lagen.

Für den Hochzeitstag entdeckte ich
eine traumhafte Location in einem
Garten mitten in Wien, die uns für
nur 500 Euro zur Verfügung stand –
ein absoluter Glücksgriff, da in Wien
sonst alles sehr kostspielig ist. Zudem
fand ich eine großartige Metzgerei,
die uns ein Catering mit außerordentlich leckerem Essen lieferte. Der
Chef war sehr entgegenkommend und
passte das Angebot an unser Budget
an. Für die Hochzeitstorte sorgte eine
türkische Konditorei, die uns für alles

zusammen, einschließlich des Services, rund 1000 Euro berechnete – und das für etwa 30 Gäste.

Ich erwähne hier bewusst die Kosten, da jeder, der selbst eine Hochzeit geplant hat, weiß, wie schnell diese in die Tausende gehen kann. So bekommt man eine Vorstellung davon, welch wundervolle Fügungen hier mitgewirkt haben. Eine liebe Freundin bot mir zudem an, gemeinsam mit ihrer Tanzlehrerin auf unserer Hochzeit aufzutreten. Sie sollten uns mit indischen Tänzen verzaubern, was uns beide sehr ansprach. Für wenige hundert Euro machten sie dies möglich.

Einen DJ benötigten wir nicht, da ich selbst die Musikplanung übernahm. Ich besaß noch ein altes DJ-Programm, das die Lieder von meinen CDs automatisch in der richtigen Reihenfolge abspielte. Auch einen engagierten Fotografen fand ich – ein sympathischer türkischer Fotograf, der für einige Stunden und für weniger als 500 Euro unsere Hochzeit begleitete.

Ein ganz besonderes Geschenk machte uns eine gute Freundin aus Deutschland, die früher die Gesangslehrerin meiner Tochter war. Sie ist eine herausragende Opernsängerin und trat bei unserer kirchlichen Zeremonie auf. Sie sang „Halleluja" und unser gemeinsames Lieblingslied „C'era una volta il west" von Ennio Morricone – aus dem berühmten Film *Spiel mir das Lied vom Tod*. Dieser Augenblick in der Kirche wird mir ewig im Gedächtnis bleiben. Ich war zutiefst gerührt und weinte, als sie anfing zu singen. Gänsehaut durchflutete mich, und es war noch schöner, als ich es mir je hätte erträumen können. Diese Energie, diese Liebe – sie legte all ihre Leidenschaft und Hingabe in diesen Auftritt. Es war, als würde der Himmel selbst singen.

Nach dieser emotionalen Zeremonie, die uns tief berührte, warteten unsere Familien und Freunde bereits vor dem Standesamt auf uns. Mein Mann kam mir mit einem Strauß roter Rosen entgegen, und er sah in seinem blauen Anzug und der schicken Frisur einfach blendend aus. Der Zauber dieses Moments lag förmlich in der Luft. Nachdem wir uns begrüßt hatten, gingen wir gemeinsam mit unseren Gästen ins Standesamt, wo wir von einem humorvollen und sehr herzlichen Standesbeamten offiziell getraut wurden.

Nachdem wir unsere Urkunden unterzeichnet hatten, ging es direkt weiter in die Kirche, wo ein weiterer wichtiger Teil des Tages auf uns wartete. Für mich war dies ein besonders bedeutender Moment, da die göttliche Trauung für uns einen heiligen Akt darstellte. Unabhängig von der

Art der Zeremonie – sei es katholisch, keltisch oder frei – ging es uns darum, eine spirituelle Weihe unserer Liebe zu erhalten. Mein Vater führte mich zum Altar, was für mich ein alter, aber sehr wichtiger Brauch ist. Vielleicht mag das altmodisch klingen, aber für mich sind solche Traditionen von großer Bedeutung.

Während der Zeremonie fühlte ich intensiv die Anwesenheit meiner verstorbenen Großeltern. Es war, als wären sie in diesem Moment bei uns. Später erzählte mir einer der Gäste, dass auch er spirituelle Wesen wahrgenommen habe, die uns begleitet hätten. Es war schön, zu wissen, dass sie trotz ihrer Abwesenheit körperlich bei uns waren und uns auf diese besondere Weise unterstützten.

Als wir die Kirche verließen, spielte „Baba Yetu" von Christopher Tin – ein afrikanisches Lied, das uns sehr am Herzen lag. Uns war wichtig, Elemente aus verschiedenen Kulturen in unsere Feier einzubringen, da wir an die Einheit aller Menschen glauben und jede Kultur für etwas Besonderes halten. Als wir schließlich in unsere Hochzeitslocation fuhren, warteten unsere Gäste bereits dort auf uns. Zur Begrüßung tanzten wir mit einigen ausgewählten Freunden und Familienmitgliedern zu „Sing Halleluja" von Dr. Alban in den Garten hinein, was allen sichtlich Freude bereitete.

Dieser Tag wäre ohne das unglaubliche Teamwork unserer Freunde und Familien niemals so perfekt geworden. Einige kümmerten sich um das Catering, mein Vater und seine Lebensgefährtin dekorierten die Location liebevoll, und meine beste Freundin organisierte Hochzeitsspiele und hielt Ansprachen. Unsere Sängerin trug mit weiteren Liedern von Whitney Houston und Mariah Carey zur Feier bei. Doch was diesen Tag für mich auf die Spitze trieb, war der Auftritt meiner Tochter Anastasia. Sie überraschte uns mit einem indischen Tanz, den sie selbst einstudiert hatte – und es war einfach atemberaubend.

Unsere Gäste teilten uns mit, dass es eine der schönsten Hochzeiten war, die sie je erlebt hatten. Diese Worte berühren mich bis heute zutiefst. Ich bin so dankbar für die wundervollen Menschen, die uns an diesem Tag begleitet haben. Ohne ihre Unterstützung und ohne die Liebe der geistigen Welt wäre all das nicht möglich gewesen.

Beim Unterzeichnen der Urkunden im
Standesamt

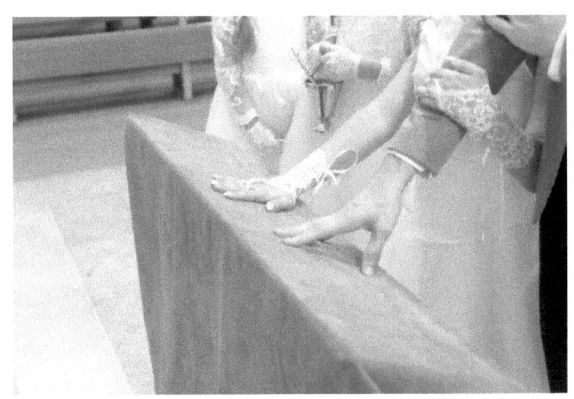

Hier mit meinem liebsten bei der kirchlichen
Trauung

Frisch verheiratet

Hier gemeinsam mit meinem kleinen
Engelchen Anastasia, meinem lieben Papa
und seiner Lebensgefährtin

Hier gemeinsam mit meiner besten Freundin, die schon seit 20 Jahren meinen Lebensweg begleitet

Hier gemeinsam mit meiner
herzallerliebsten Mama

Gemeinsam auf den Weg zur
Hochzeitslocation

Kapitel 13
Tod & Wiederbegegnung

Als mein Vater und ich vor über zwei Jahren wieder einmal in unserer Heimatstadt München für einige Wochen zu Besuch waren, meinte ich eines Morgens spontan zu ihm, dass wir dringend nach Weilheim fahren sollten. Damals lebten meine beiden Großeltern väterlicherseits noch, und ich verspürte ganz stark den Drang, sie besuchen zu wollen. Mein Vater war sehr verwundert, wieso ich es plötzlich so eilig hatte, dorthin fahren zu wollen.

Ich sagte an diesem Tag während der Fahrt im Auto zu meinem Vater, dass ich fühlen würde, beide heute zum letzten Mal zu sehen.

Daher war es mir so wichtig, keine Zeit vergehen zu lassen. Ich wollte nicht mehr bis zu einem anderen Besuch in Deutschland warten. Es sollte jetzt passieren. Die Energie der Beiden war schwach, und das nahm ich innerlich sehr intensiv wahr.

Meine Oma lebte zu dieser Zeit noch bei einem meiner Onkel und dessen Frau zuhause. Mein Opa hingegen war auf eigenen Wunsch ins Altenheim gezogen, da es wohl zwischenmenschlich bei ihnen bedauerlicherweise nicht so funktionieren wollte.

Scheinbar gab es zwischen Sohn und Vater so manche Differenzen, sodass ein Zusammenleben wohl nicht mehr möglich gewesen war. Oma entschied sich, bei ihren Kindern zu bleiben, da sie zu diesem Moment keinesfalls ins Altersheim wollte.

Als wir dort ankamen und ich deren Wohnung betrat, spürte ich schon die abfallende Energie, und ich war zutiefst schockiert, als ich den Zustand meiner Oma sah. Sie konnte nichts mehr sehen und war sehr abwesend, nicht wirklich ansprechbar. Es traf mich zutiefst, diesen Verfallsprozess so hautnah mitzuerleben. So kannte ich sie nie: immer agil und lachend, auch wenn es ihr schlecht ging, stets fröhlich und geistig voll da.

Ich muss zugeben, dass ich im ersten Moment nicht wirklich wusste, wie ich auf sie zugehen sollte. Für einige Minuten hatte ich richtige Berührungsängste, und dieser Zustand machte mir Angst. Es war mir einfach fremd und tat mir unendlich leid, zu sehen, wie sie sich plagte. Anastasia hingegen ging sofort auf sie zu und begrüßte sie. Leider reagierte Oma kaum. Sie saß einfach nur da, in sich zerfallen, nicht wirklich anwesend.

Ich setzte mich an den Tisch und begrüßte sie leise. Plötzlich bemerkte ich leichte Tränen in ihrem Gesicht. Sie fühlte, dass wir da waren, und ich wusste, ich würde es schaffen, zu ihr durchzudringen. So planten wir mit meiner Tante, einkaufen zu gehen und zu grillen. Ich sagte, es sei wichtig, dass wir versuchen, zumindest einen Teil der Familie zusammenzubringen. Ich fühlte, dass Oma nicht mehr viel Zeit blieb, und ich wusste, sie wollte nochmal ihre Familie um sich haben.

Zu unserer Überraschung schafften wir es tatsächlich, meine Tante, Cousin und Opa zusammenzubringen. Die Familienbindungen waren sehr schwierig, bedingt durch die Vergangenheit, in der es immer wieder zu großen Zerwürfnissen gekommen war, vor allem durch meinen Großvater. Doch an diesem Tag setzten sich alle im Sinne des Ganzen über ihre Differenzen hinweg. Ich werde nie vergessen, wie Opa hereinkam und bitterlich weinte, als er uns sah.

Ich nahm ihn fest in den Arm und fühlte seinen Schmerz. Er hatte ein schweres Leben hinter sich, geprägt von den Grausamkeiten des Krieges und der Flucht aus Polen. In einem privaten Gespräch erzählte er mir von den Grausamkeiten, die er als Kind durch seinen Vater erlebte. Es mag seine Taten und Handlungen gegenüber seinen eigenen Kindern nicht entschuldigen, aber es macht vieles verständlicher. Manche Menschen überstehen solche Lebensereignisse gestärkt, andere zerbrechen daran und begehen dieselben Fehler, die ihnen selbst angetan wurden.

An diesem Nachmittag sprach Opa noch einige Zeit zu Oma, als sie zum Schlafen gelegt wurde. Nachdem er das Zimmer verließ, ging ich zu ihr ans Bett. Obwohl sie fast völlig blind war, bemerkte sie meine Anwesenheit. Ich redete sanft mit ihr, und sie begann, auf mich zu reagieren. Alle vorherigen Berührungsängste waren plötzlich verschwunden.

Ich nahm ihre Hand und gab ihr etwas von meiner Energie ab. Man konnte spüren, wie ihre Lebensgeister darauf reagierten. Ich fragte sie, ob sie wüsste, dass ich es bin, „Tanja", ihr Enkelkind. Sie nickte leicht und begann, mit ihren Fingern meine Hand zu reiben.

Ich sagte ihr, dass sie immer eine großartige Oma gewesen war, und dass wir sie lieben. Tränen kullerten ihr über die Wangen, und auch ich war zutiefst berührt.

Zum Abschied bat ich sie um einen Wunsch. Ich flüsterte ihr zu, dass sie mir eine Botschaft von drüben schicken sollte, wenn sie diese Welt verlässt. Etwas Persönliches und Greifbares. Sie drückte meine Hand fest, und ich wusste, sie hatte verstanden.

Am nächsten Tag fuhren wir heim. Kurz danach erfuhr ich, dass Oma ins Krankenhaus gebracht worden war und ihr Zustand sich verschlechterte. Es dauerte nicht lange, bis ihre Seele sich fast vollständig von ihrem Körper gelöst hatte. Als sie verstarb, nahm ich es nur noch dezent wahr, da ihr Geist sich schon zuvor von dieser Welt verabschiedet hatte.

Einige Zeit später hatte ich ein Gespräch mit Barbara, einer Freundin, die ein sehr gutes Medium ist. Wir teilten unsere spirituellen Erlebnisse. Barbara erzählte mir plötzlich, dass sie Kontakt zu einer älteren Dame habe, die wohl meine Großmutter sei. Sie begann, meine Oma zu beschreiben, und ich wusste sofort, dass es stimmte. Die Details, die sie erzählte, konnte sie nicht wissen.

Am bewegendsten war der Moment, als sie sagte, meine Oma habe ihr ein Bild gezeigt: Sie sah mich an ihrem Bett sitzen und schilderte haargenau, was ich zu meiner Großmutter gesagt hatte. Oma erfüllte meinen Wunsch und schickte mir die erbetene Botschaft.

Diese Momente machen das Leben jeden Tag ein Stück schöner. Es ist wundervoll zu wissen, dass wir über das Leben hinaus miteinander verbunden sind.

Ich bin unendlich dankbar, solche Erlebnisse teilen zu können und weiterhin auf meinem Weg zu wachsen.

Meine liebe Oma gemeinsam mit Anastasia
und mir

Kapitel 14
Finanzen

Seit einiger Zeit habe ich aktiv angefangen, mich mehr und mehr mit dem Thema Weiterbildung und Finanzen zu beschäftigen. Ich bin der Meinung, obwohl ich in keiner Weise materiell orientiert bin, dass es dennoch wichtig ist, diesen Aspekt aus einer höheren Sichtweise zu betrachten. Die Welt funktioniert nach wie vor auf Basis von Finanzen, und solange es kein wesentliches Umdenken in dieser Hinsicht gibt, sollten wir beginnen, das Beste aus unserer Situation zu machen. Für mich bedeutet das, in die Offensive zu gehen und Selbstverantwortung zu übernehmen, anstatt zu erwarten, dass der Staat für meine Altersvorsorge sorgt. Es ist wichtig, dass man selbst anfängt, produktive und sinnvolle Geldanlagen sowie Investitionen zu tätigen.

Ein wichtiger Punkt, den ich für mich erkannt habe, ist, dass finanzielle Verantwortung Schritt für Schritt übernommen werden muss. Es geht nicht darum, von heute auf morgen alles zu ändern, sondern kleine, erreichbare Ziele zu setzen. Ich habe damit begonnen, mir monatliche Sparziele zu setzen, auch wenn sie klein waren. Es ist erstaunlich, wie sich nach einiger Zeit durch regelmäßiges, bewusstes Sparen etwas ansammelt.

Ein weiterer Tipp, den ich sehr hilfreich fand, ist, sich regelmäßig weiterzubilden. Es gibt so viele Bücher und Kurse, die einem helfen können, den Überblick über Finanzen zu gewinnen. Ein Buch, das mir besonders geholfen hat, war „Rich Dad Poor Dad" von Robert T. Kiyosaki. Auch Bücher von Bodo Schäfer oder Videos von Finanzexperten bieten wertvolle Ansätze, wie man sein Denken verändern und positive finanzielle Entscheidungen treffen kann.

An dieser Stelle möchte ich betonen, dass ich niemandem zu etwas raten möchte. Vielmehr geht es mir darum, das eigene Denken und Handeln anzuregen. Wie ich bereits erwähnte, ist

es entscheidend, in die Selbstverantwortung zu gehen und, falls man sich
noch nicht mit dem Thema Finanzen
auseinandergesetzt hat, damit zu beginnen. Die Realität ist, dass mehr
und mehr Arbeitsplätze durch Technologie ersetzt werden – Roboter und
Computer übernehmen Aufgaben, die
früher von Menschen erledigt wurden. Man sieht es bereits heute klar:
Automaten ersetzen Kassenkräfte in
Supermärkten, Bestellungen werden
in einigen Restaurants durch Maschi-
nen aufgenommen. Die Technologie
hat den Vorteil, dass sie nur einmalig
Geld kostet und keine Ausfälle durch
Krankheit hat – ein klarer Vorteil für
Unternehmen.

Ich habe auch gelernt, dass es wichtig ist, nicht alles auf eine Karte zu setzen, sondern verschiedene Bereiche abzudecken. Ein Teil meines Einkommens fließt daher in sichere Anlagen wie ETFs, weil diese langfristig Stabilität bieten und weniger risikoreich sind. Das hat mir geholfen, mein Geld besser zu streuen und mich sicherer zu fühlen.

Was mir zusätzlich sehr geholfen hat, ist die Idee des automatisierten Sparens. Ich habe mir einen festen Betrag eingestellt, der jeden Monat automatisch auf ein separates Konto geht. So muss ich nicht ständig darüber nachdenken, ob ich genug spare – es passiert einfach von selbst. Das erleichtert vieles.

Wir befinden uns mitten in dieser technologischen Transformation, und ich bin der Meinung, dass es wenig bringt, sich dagegen aufzulehnen. Dieser Zug lässt sich nicht aufhalten, und irgend-wann wird die aktuelle Entwicklung in eine Sackgasse führen, doch bis dahin liegt es an uns, uns nicht auf Regierungen zu verlassen, sondern selbst zu handeln. Jeder von uns sollte positive Veränderungen anstreben. Ein Umdenken ist essenziell.

Was können wir also tun? Ich habe vielleicht nicht die ideale Lösung für jeden, aber ich kann teilen, womit ich mich beschäftige und wie ich mein Leben umstrukturiert habe. Ich war früher auch jemand, der gegen den

Strom geschwommen ist und mich gegen Ungerechtigkeiten gewehrt hat. Aber ich habe gelernt, dass es oft mehr bringt, mit dem Strom zu fließen und dabei seinen eigenen Weg zu gehen. Ich habe erkannt, dass wir die Welt nicht immer so verändern können, wie wir es gerne hätten. Stattdessen sollten wir uns darauf konzentrieren, unser Leben so zu gestalten, dass wir zufrieden sind und anderen ein gutes Beispiel geben.

Vor etwa zwei Jahren habe ich begonnen, Bücher über Finanzen zu lesen – unter anderem von Robert T. Kiyosaki, Bodo Schäfer und Donald Trump. Was mir aufgefallen ist, ist, dass viele dieser erfolgreichen Menschen auch spirituelle Weisheiten verinnerlicht haben. Ob man sie nun mag oder nicht, sie wissen genau, was sie tun. Ich habe aus jedem ihrer Werke das für mich Sinnvollste herausgefiltert und gelernt, diese Weisheiten auf mein Leben anzuwenden. Dabei geht es nicht darum, reich im finanziellen Sinne zu werden, sondern um echten Reichtum, der im Wissen und in der Erfahrung liegt. Wissen ist Macht, und das kann uns niemand nehmen.

Und ganz wichtig: Ich habe mir angewöhnt, meine Ausgaben im Blick zu behalten. Es gibt dafür tolle Apps, die einem helfen, den Überblick zu behalten. Wer genau weiß, wohin sein Geld fließt, kann auch gezielter sparen.

Menschen wie Kiyosaki oder Trump könnten alles verlieren, doch aufgrund ihres Wissens und ihrer Erfahrung würden sie in kürzester Zeit alles wieder aufbauen. Selbstverantwortung ist der Schlüssel – das ist die Quintessenz vieler ihrer Lehren.

Warum arbeiten solche Menschen, obwohl sie finanziell ausgesorgt haben? Natürlich spielt bei einigen das Ego eine Rolle, aber viele von ihnen wollen ihr Wissen weitergeben. Es geht nicht nur darum, Geld zu verdienen, sondern auch darum, anderen zu helfen, erfolgreich zu sein.

Es geht auch darum, sich für Unvor-
hergesehenes abzusichern. Ein finan-
zielles Polster zu haben, gibt einem
ein gutes Gefühl und hilft, ruhig zu
bleiben, wenn mal etwas Unvorherge-
sehenes passiert. Das hat nichts mit
Reichtum zu tun, sondern mit Verantwortung für sich selbst und seine Lieben.

Es ist wichtig, dabei immer Beschei-
denheit und Dankbarkeit im Herzen
zu bewahren. Ein altes biblisches
Prinzip, das ich sehr schätze, ist der
Zehnte:

„Jeder Zehnt des Landes, der vom Ertrag
des Landes oder von den Baumfrüchten ab-
zuziehen ist, gehört dem Herrn; es ist etwas
Heiliges für den Herrn." (Levitikus 27:30)

Dabei geht es nicht um die Menge, sondern darum, etwas zu geben – von Herzen.

Ich persönlich spende jeden Monat an eine Organisation meiner Wahl, und es erfüllt mich mit Freude zu wissen, dass ich etwas Gutes tue. Geben ist eine großartige Möglichkeit, das Leben anderer zu bereichern, und es zeigt uns, wie privilegiert wir sind. Jeder, der ein Dach über dem Kopf hat und genug zu essen, sollte dankbar sein. Es ist unsere Pflicht, anderen zu helfen, denen es nicht so gut geht.

Finanzieller Reichtum ist nicht unbedingt etwas Schlechtes.

Viele reiche Menschen spenden große Summen, und das sollten wir nicht vergessen, bevor wir negativ über sie urteilen. Es kommt darauf an, mit welchem Bewusstsein man handelt.

Jesus sagte: „Wer unter euch ohne Sünde ist, der werfe den ersten Stein." (Johannes 8:7) Es steht uns nicht zu, andere zu verurteilen.

Gefühle wie Neid und Gier schaden uns mehr, als sie uns nützen. Neid lähmt unsere Entwicklung, und so steht es auch in den Zehn Geboten:

„Du sollst nicht nach dem Haus deines Nächsten verlangen..." (Exodus 20:17 EU)

Diese negativen Gefühle blockieren uns oft und verhindern, dass wir weiterkommen.

Deshalb sollten wir unsere Emotionen reflektieren und ehrlich zu uns selbst sein. Jeder Mensch hat solche Gefühle, und es ist nichts, wofür man sich schämen muss. Wir alle sind hier, um zu lernen, und manchmal erkennen wir erst später, woran wir arbeiten müssen.

Ein erfolgreiches Leben beginnt mit der richtigen Denkweise. Hier ein paar passende Zitate:

„Das Leben des Menschen

besteht aus seinen Gedanken."

- Marcus Aurelius

„Für unsere Zukunft ist viel weniger wichtig, was wir tun, als das, was wir denken."

– Phillip James Bailey

„Indem ich denke, bin ich."

- René Descartes

Unsere Gedanken prägen unser Leben, und wenn wir lernen, unsere Denkweise zu ändern, können wir unsere Realität gestalten. Selbstverantwortung bedeutet, die Kontrolle über unser eigenes Leben zu übernehmen und die Macht, die andere über uns haben, zu minimieren.

Kapitel 15
Entwicklung & Fortschritt

S chon seit meiner Kindheit
wusste ich, dass das Schreiben
einen festen Platz in meinem Leben
einnehmen würde. Es war für mich
immer mehr als nur ein Hobby; es
war eine Möglichkeit, meine Gedanken und Erlebnisse in Worte zu fassen
und sie mit anderen zu teilen. Als ich
vor einigen Jahren mein erstes Buch
veröffentlichte, „A Special Life – Die
Geschichte eines Lebens", hatte ich
das Gefühl, dass dies nur der Anfang
war. Der Wunsch, meine Erfahrungen
und Erkenntnisse mit anderen Menschen zu teilen, war tief in mir verankert.

Und so war mir klar, dass jenes Buch nicht mein letztes sein sollte.

Das Schreiben ist ein Teil von mir, so wie die Erlebnisse und Erfahrungen, die ich in meinem Leben gesammelt habe. Es ist mir ein Herzensanliegen, diese mit so vielen Menschen wie möglich zu teilen. Ich wusste also, dass, wenn der richtige Zeitpunkt kommt, ich mein nächstes Buch verfassen würde. Immer wieder machte ich mir stichpunktartige Notizen, um wichtige Aspekte nicht zu vergessen.

Ich erinnere mich noch gut daran, wie mein Mann gegen Ende des letzten Jahres immer wieder zu mir meinte, ob es nicht langsam an der Zeit wäre, weiterzuschreiben. Doch ich sagte ihm jedes Mal, dass der richtige Zeitpunkt noch nicht gekommen sei. Bei mir läuft es so: Ich bekomme plötzlich auf die eine oder andere Weise ein Zeichen.

Und genau auf solche Zeichen wartete ich. Mein Gefühl sagte mir, dass es im nächsten Jahr soweit sein würde. Außerdem war mir klar, dass mein erstes Buch noch eine Art „Neustart" erleben würde, in eine völlig neue Richtung. Wie genau und wodurch, war mir damals noch nicht klar, doch ich spürte, dass der Weg, den ich bisher gegangen war, erst der Anfang war.

Und tatsächlich, wie das Leben manchmal spielt, kam alles ganz anders und schneller, als ich dachte. Eines Tages erhielt ich eine E-Mail aus der Schweiz von einer Dame eines größeren Vereins. Sie hatte mein Buch gelesen und war davon sehr angetan. Sie schrieb, dass sie sich freuen würde, wenn ich es auf einer ihrer Veranstaltungen vorstellen würde. Ich ließ die E-Mail zunächst unbeantwortet und bat um etwas Geduld, da ich für mich erst herausfinden wollte, wie und wann es sich für mich arrangieren ließ.

Nur wenige Tage später telefonierte ich mit einem lieben Freund aus Landshut, der jährlich bayernweit große Messen veranstaltet. Während unseres Gesprächs fragte er mich, ob ich nicht Interesse hätte, mein Buch auf einer seiner Messen vorzustellen, und bot mir seinen Vortragsraum dafür an. Auch hier war ich zunächst zurückhaltend und sagte, ich müsse es mir erst durch den Kopf gehen lassen. Es kam mir schon fast wie ein Wink des Schicksals vor, als er genau in dem Moment fragte, denn nur wenige Tage zuvor war bereits ein anderer Verein auf mich zugekommen.

Ich erinnere mich noch genau daran, dass dieses Gespräch an einem Samstag stattfand, denn am Sonntag erhielt ich bereits die nächste E-Mail. Ein Bekannter, der ebenfalls mein Buch gelesen hatte, teilte mir mit, dass er und sein Geschäftspartner –

ein Verlagsinhaber – sehr begeistert seien und mein Werk gerne neuauflegen würden. Ich war zutiefst gerührt, denn die Gespräche fühlten sich von Anfang an sehr stimmig an. Und dann wusste ich es: Jetzt war der richtige Zeitpunkt gekommen. Der Moment für eine Neustrukturierung war da.

Nach einigen sehr positiven Gesprächen kündigte ich meinen alten Vertrag mit dem Self-Publisher, über den ich mein Werk ursprünglich veröffentlicht hatte, und übergab es meinem neuen Verlag. Das war auch der Grund, weshalb ich so lange gewartet hatte und den Weg über einen Selbstverleger gegangen war: Ich wollte nie unter Druck stehen, zu schreiben. Es sollte immer dann geschehen, wenn ich das Gefühl hatte, dass ich etwas mitzuteilen habe – Botschaften, Ereignisse und Erfahrungen, die es wert sind, mit der Welt geteilt zu werden.

Besonders wichtig war mir dabei, dass der Verlag mit der gleichen Leidenschaft und Liebe hinter dem Projekt steht wie ich. Es ging ihnen von Anfang an um meine Botschaft, darum, was ich der Welt zu sagen habe. Das hat mich in meiner Entscheidung klar bestärkt, denn ich fühlte, wie viel positive Energie in diesem Projekt mitwirkt. Und genau darum geht es mir in meinen Büchern – um die Liebe, um das Ganze, um das Kollektiv. Und wir alle sind ein Teil davon. Ist das nicht wunderschön?

Während mein Buch neu überarbeitet und strukturiert wurde, spürte ich im Sommer plötzlich den starken Impuls, wieder zu schreiben. Ich wusste, dass es nun an der Zeit war, das zweite Buch auf den Weg zu bringen. So stellte ich bereits im Sommer das erste Drittel fertig, bis ich das Gefühl hatte, eine Pause einlegen zu müssen. Während dieser Zeit prasselten viele neue Dinge auf mich ein, und der Stress nahm an verschiedenen Fronten zu. Es war gut, dass ich diese Pause einlegte, denn ich hätte sonst nicht die Energie gehabt, das Schreiben frei fließen zu lassen.

In den Zeiten, in denen ich schreibe, bekomme ich innere Impulse. Es fühlt sich an, als würde mir jemand kräftig auf die Schulter klopfen und mich auffordern, mich hinzusetzen und loszulegen. In manchen Momenten falle ich dabei in einen tiefen Entspannungszustand und es scheint, als würde etwas Höheres durch mich mitwirken. Vielleicht ist es das geistige Wesen, von dem die Seherin Joyce Morgan damals sprach, als ich 13 Jahre alt war. Darüber habe ich bereits in meinem ersten Buch geschrieben. Joyce Morgan, eine erfahrene Seherin, sagte mir damals voraus, dass ich später Bücher schreiben und dabei Unterstützung aus der geistigen Welt erhalten würde. Sie sah einen

Mann, den sie zeichnete, der mich beim Schreiben begleiten würde. Heute bin ich sicher, dass sie recht hatte – genauso wie in vielen anderen Dingen, die sie mir prophezeite.

Mein geistiger Begleiter beim Schreiben

Kapitel 16
Projektidee

An dieser Stelle würde ich gerne noch die Gelegenheit nutzen, um von einem anderen Ereignis jüngster Zeit zu erzählen. Dazu muss ich jedoch kurz etwas ausholen und in der Zeit zwei Jahre zuvor zurückspringen. Damals, 2017, hatte ich eines Nachts, während ich Serien auf Netflix schaute, plötzlich eine Eingebung. Das Paradoxon war, dass ich eigentlich total in meine Serie vertieft war, sodass ich gar nichts denken konnte. Doch es ist plötzlich da, und ich bekomme geistig Bilder vorserviert. Eins nach dem anderen, und

manchmal mehrere im selben Augenblick.

Es ist dann wie ein Puzzle, welches
sich vor meinem geistigen Auge breit
macht, und ich weiß, was zu tun ist
oder um was es geht. So auch in jenem
Moment: Die Bilder schossen mir
durch den Kopf. Und ich sah geistig
eine App vor mir für Menschen mit
Behinderung. Es bildete sich geistig
genau vor mir, mit allem Drum und
Dran. Ich wusste genau, was diese alles beinhalten sollte und für welche
Zielgruppen sie gedacht ist. Diese App
sollte ein einzigartiges Social Media
Portal sein, das es so bisher nicht gegeben hat. Sämtliche Funktionen und
Möglichkeiten nahm ich geistig wahr

und notierte mir im Anschluss alles. Wobei ich diese Notizen nie wirklich gebraucht habe, denn in meinem Kopf hat sich diese Sache regelrecht eingebrannt.

Nun fragte ich mich aber zu diesem Moment jenes Geistesblitzes: Wie soll ich dies je umsetzen? Zum einen war ich kein Programmierer und hatte von dieser Materie nur sehr wenig Ahnung. Zum anderen war es mir finanziell nicht möglich, es umzusetzen. Mir war klar, dass das keine günstige Angelegenheit sein konnte – hier jemanden zu engagieren, der mir das zu einem Preis macht, den ich hätte finanzieren können zu jener Zeit. Dennoch wusste ich, dass es möglich gewesen sein muss, denn sonst hätte ich ja nicht diese Eingebung bekommen. Es musste einen Grund hierfür geben. Zudem fühlte sich dieses Projekt so unglaublich großartig an. Ich würde etwas Wunderbares tun können, für Menschen mit körperlicher, geistiger und auch gesundheitlicher Einschränkung.

Eine spezielle Möglichkeit schaffen, sich untereinander auszutauschen – egal, wo man ist – und direkte Kommunikation führen zu können. Und so vieles mehr an Optionen zur Erleichterung des Alltags damit einhergehend Stück für Stück zu ermöglichen.

Es sollte eine dienliche Sache sein auf vielen Ebenen, nicht nur ein reines Kommunikationsportal.

So traf ich mich damals mit einem langjährigen, sehr lieben Freund von mir. Ein Mensch, der meinem Herzen bis heute sehr nahe steht. Jemand, der mich schon einen wichtigen Teil meines Lebens begleitet hat und dieses auf liebevolle und positive Weise berührt hat. Er wollte mir hierbei helfen und schien zu Beginn der ideale Partner für das Projekt zu sein.

Leider kam es aufgrund privater Umstände, die ihn sehr belasteten, dazu, dass er sich aus dem Projekt zurückziehen musste. Sein Leben nahm eine unerwartete Wendung, die es ihm unmöglich machte, weiter als Programmierer zu arbeiten. Diese Entwicklung war für uns beide sehr bedauerlich, denn ich hatte viel Vertrauen in seine Fähigkeiten und in unsere gemeinsame Zusammenarbeit gesetzt. Doch ich respektierte seine Entscheidung und wusste, dass manchmal Dinge aus Gründen geschehen, die außerhalb unserer Kontrolle liegen.

So ließ ich die Idee, auch wenn ich weiter daran glaubte, erstmal ruhen. Ich wusste, der richtige Zeitpunkt würde kommen, und ich würde die Menschen finden, die mir dabei helfen könnten, dieses Projekt umzusetzen.

Während ich dieses Projekt in meinem Herzen trage, wird mir immer wieder bewusst, wie sehr es auch ein Teil meines eigenen Wachstumsprozesses ist. Es ist nicht nur eine Idee, die ich für andere Menschen umsetzen möchte, sondern auch eine Reise, die mir zeigt, wie wichtig Geduld, Vertrauen und das richtige Timing im Leben sind. Es ist nicht immer leicht, mit einer Vision zu leben und zu wissen, dass der Weg dorthin vielleicht länger ist, als man es sich gewünscht hätte. Doch eines habe ich in all den Jahren gelernt: Alles, was wirklich wertvoll ist, braucht seine Zeit, um zu reifen.

Ich bin davon überzeugt, dass die Menschen, die mir helfen werden, dieses Projekt in die Welt zu bringen, bereits auf ihrem Weg zu mir sind. Manchmal müssen wir uns einfach zurücklehnen und darauf vertrauen, dass das Leben uns die richtigen Gelegenheiten, die richtigen Menschen und die passenden Mittel zur Verfügung stellt, wenn der Moment gekommen ist. So sehe ich es auch hier. Ich spüre, dass sich die Fäden allmählich zusammenfügen und das, was sich einst als Eingebung in mein Bewusstsein schlich, eines Tages zu etwas Greifbarem und Realem heranwachsen wird.

Doch bis dahin bleibe ich geduldig. Diese Geduld ist keine passive Warterei, sondern eine aktive Haltung des Vertrauens in das Leben. Ich nutze die Zeit, um meine Idee weiter zu verfeinern, über neue Ansätze nachzudenken und mich auch innerlich darauf vorzubereiten, dass dieses Projekt, wenn es soweit ist, nicht nur eine technische, sondern auch eine emotionale Herausforderung sein wird. Denn letztendlich geht es nicht nur darum, etwas zu schaffen, das funktional ist – es geht darum, etwas zu erschaffen, das Menschen wirklich berührt, das ihnen im Alltag eine Unterstützung bietet und ihnen das Gefühl gibt, gesehen und verstanden zu werden.

Und während dieser Reise merke ich immer wieder, wie viel ich selbst lerne. Es geht nicht nur darum, eine App zu entwickeln, sondern darum, die richtigen Verbindungen zu knüpfen, im Vertrauen zu bleiben und dabei nie den Glauben an die eigenen Visionen zu verlieren. Das Leben ist ein ständiger Prozess des Wachsens und des Lernens, und ich bin dankbar für jede Erfahrung, die mich auf diesem Weg weiterbringt.

So vergingen knapp zwei Jahre seit dieser Zeit. Die Website mit dem damals entworfenen, sehr passenden Namen für unsere App wurde gesichert, und wir behielten sie im Hintergrund. Doch ich spüre, dass die

Zeit näher rückt, und ich habe Vertrauen, dass dieses Projekt eines Tages Wirklichkeit wird.

Kapitel 17
Danksagung

Dieses Kapitel widme ich all jenen, die mein Buch gelesen haben und an meinen Gedanken und meinem Leben teilgenommen haben. Besonders auch jenen, die mein Leben auf so vielen Ebenen bisher begleitet, unterstützt und liebevoll berührt haben. Ich bin jedem Einzelnen unendlich dankbar, selbst denen, die mir nicht immer wohlgesonnen waren, denn sie waren es, die mich NOCH stärker im Leben gemacht haben. Ein großes Dankeschön gilt auch all meinen Partnern und Männern, mit denen ich in der Vergangenheit in

Berührung gekommen bin. Jeder Einzelne war für mich eine große Bereicherung im Herzen, und ich würde keinen von euch missen wollen. Mein Herz war immer groß genug für euch alle und wird es auch immer bleiben. Wir haben aneinander gelernt, sind miteinander gewachsen, und dafür bin ich euch unendlich dankbar. Ihr wart wundervoll, und ich wünsche jedem von euch auf seinem weiteren Lebensweg viel Liebe und Glückseligkeit. Auch danke ich den jüngsten herzlichen Begegnungen in meinem Leben. Besonders einer Person bin ich zutiefst dankbar, sie in mein Leben gelassen zu haben. Es gibt selten Wesen, die bedingungslose Liebe im Herzen tragen, und wenn man solche

Begegnungen hat, sollte man sie hegen und pflegen. Solche Seelenverbindungen sind ein großes Geschenk. Es fühlt sich an, als würden sich zwei Seelen wiedererkennen, egal, woher oder wie lange sie sich schon kennen – es ist das Gefühl, das zählt. Solche Verbindungen sind etwas ganz Besonderes und sollten wertgeschätzt werden.

Man sollte auch stets liebevoll und dankbar gegenüber seiner Familie, seinen Freunden und allen, die einem nahestehen, sein. Dankbarkeit ist ein wesentlicher Aspekt eines erfüllten Lebens, wie schon Albert Einstein wusste:

"Es gibt zwei Arten, sein Leben zu leben:
Entweder so, als wäre nichts ein Wunder,
oder so, als wäre Alles eines."
- Albert Einstein

Nun möchte ich mich in voller Dankbarkeit bei dir, lieber Leser, verabschieden. Ich hoffe, dich auch in Zukunft an meinen weiteren Werken teilhaben lassen zu dürfen. Tatsächlich habe ich bereits begonnen, an einer Fortsetzung zu arbeiten. Ich freue mich, dir zu gegebener Zeit einen neuen Band meiner Biografiereihe präsentieren zu dürfen.

Bis dahin wünsche ich dir viel Gesundheit, Erfolg und Freude auf deinem Lebensweg. Mögen deine Tage
von Licht und Liebe durchleuchtet
sein.

NAMASTE